Gudrun Blecken

WIE INTERPRETIERE ICH?
EINE KURZANLEITUNG

EXTRA:
WO IST WAS INTERPRETIERT?

6. Auflage 2020
ISBN 978-3-8044-9970-6

Umschlagfoto: fotolia.com
Druck und Weiterverarbeitung: Design and Publishing JSC KOPA, Kaunas

TEIL 1: WIE INTERPRETIERE ICH? EINE KURZANLEITUNG

1 Einführung: Vom richtigen Interpretieren

Was heißt „richtiges Interpretieren"?

Bei der Deutung literarischer Texte orientieren sich Schülerinnen und Schüler oft an Informationen aus dem Internet, die so zum Maßstab der eigenen Auseinandersetzung mit dem Text werden. Als genereller Umgang mit literarischen Texten ist eine solche Haltung auch verhängnisvoll, weil sie eine starke Orientierung an Sekundärliteratur oder populären Literatursendungen des Fernsehens fördert.

Diese Orientierung verkennt zudem ein essentielles Merkmal literarischer Texte: Sie sind mehrdeutig. So mehrdeutig zum Teil, dass es so viele Auslegungen wie Leser geben kann. Die Stellen, die ein Autor absichtlich schematisiert, also „unbestimmt" dargestellt hat, müssen vom Rezipienten vervollständigt werden. Gleichzeitig ist die Arbeit des Rezipienten dann am nachhaltigsten, wenn er selbstständig einzelne Textelemente aufeinander beziehen kann und damit die „Leerstelle" zwischen diesen Elementen auffüllt.

Jede Deutung wird also individuell vom Rezipienten geprägt. Man kann sogar sagen, dass die literarische Qualität eines Textes zum Teil davon abhängig ist, wie sehr er durch Leerstellen zur individuellen Auslegung auffordert. Trotzdem bedeutet das aber nicht, dass die Interpretation nun vollständig willkürlich ist. Die Plausibilität einer Deutung muss stets die Textgrundlage unterstreichen. Und somit müsste es das Ziel des Literaturunterrichtes in der Schule sein, Schülerinnen und Schüler dazu zu ermutigen, den Leer- und Unbestimmtheitsstellen individuell einen Sinn zu geben und dies einleuchtend am Text zu erklären.

Die Schwierigkeiten, die ein solches Vorgehen insbesondere für die Beurteilung und Benotung mit sich bringt, liegen auf der Hand. Sie erfordern von der Lehrperson die Bereitschaft, sich auf die jeweilige individuelle Interpretation einzulassen und von eigenen oder in der Sekundärliteratur vorhandenen Deutungen Abstand zu nehmen. Von Schülerinnen und Schülern verlangt es die Beherrschung der Methoden, mit denen die eigene Auslegung verständlich am Text begründet werden kann.

Die vorliegende Handreichung soll somit keine Anleitung dazu sein, die *eine* Textbedeutung anzubieten. Sie soll vielmehr geeignete Methoden der Texterschließung darstellen, mit denen die individuellen Gedanken am Text selbst verdeutlicht werden können. „Richtiges" Interpretieren versteht sich somit nicht als das Erraten einer möglichen Autorenintention oder das Festlegen einer allgemeingültigen Textbedeutung, sondern als die Formulierung der eigenen Sinnkonstruktion auf der Basis einer nachvollziehbaren Anwendung methodischer Werkzeuge am Text. Welches sind diese Werkzeuge?

→ Zunächst ist es wichtig, sich Inhalte aus einem **Text erschließen** zu können (vgl. Werkzeuge I: Texterschließung). Dazu gehört die Beherrschung unterschiedlicher Lesarten wie Überblickslesen, Detaillesen, selektives Lesen genauso wie Methoden der Textmarkierung durch Unterstreichen bzw. das Anfertigen von Randnotizen. Die Zusammenfassung der wesentlichen Textinhalte ist eine der schwierigsten Aufgaben überhaupt, da deren Bedeutung jeweils individuell bewertet werden muss und nur selten generalisierbar ist. Genauer gesagt: Für jeden Rezipienten ist möglicherweise ein anderer Gesichtspunkt bedeutsam. Die formalen Kriterien der Inhaltswiedergabe dagegen sind verallgemeinerbar. Sie gelten für alle Formen der reproduzierend-beschreibenden Textwiedergabe.

→ Die Analyse literarischer Texte kommt nicht ohne die Kenntnis der **wichtigsten Begriffe** und ohne eine Untersuchung der für die betreffende Gattung bedeutsamen poetischen Gestaltungsmittel aus: Für das Drama, die Epik und die Lyrik werden jeweils unterschiedliche Gestaltungselemente benutzt, die es zu erkennen und in Beziehung zu Wirkung und Inhalt zu setzen gilt (vgl. Werkzeuge II: Analyse der Gestaltungsmittel). Bei der Auseinandersetzung mit einem Bühnenstück müssen auch die nicht im Text vorhandenen theatralischen sprachlichen und nicht-sprachlichen Zeichen, die Bühne, Schauspie-

1 EINFÜHRUNG:
VOM RICHTIGEN
INTERPRETIEREN

2 WERKZEUGE I:
TEXTERSCHLIESSUNG

3 WERKZEUGE II:
WICHTIGE BEGRIFFE

4 WERKZEUGE III:
LITERARISCHE
EPOCHEN

ler, Geräusche, Musik und visuelle Effekte betreffen, berücksichtigt werden. Für erzählende und dramatische Texte ist schließlich auch die Charakterisierung der Figuren wichtig. Dabei kann eine Checkliste hilfreich sein.

→ Die Textinterpretation kann sich als textimmanente Interpretation auf eine Analyse auf der Basis von Inhalt und sprachlicher Gestaltung des Texts beschränken. Die **Einordnung eines Textes in die Epoche** kann dann aufschlussreich wirken, wenn sie etwa Vergleiche mit anderen Texten ermöglicht und zusätzliche Informationen über den Text bereitstellt, die die eigene Deutung ergänzen können (vgl. Werkzeuge III: Einordnung in die literarische Epoche).

→ Die in der Schule angewendeten **Methoden** gehen meist in textimmanent-strukturalistische oder biografisch-epochentypische positivistische Richtungen. Daneben gibt es eine ganze Reihe anderer Methoden, mit deren Hilfe das eigene literarische Verstehen eines Textes ergänzt werden kann. Ihre Anwendung setzt aber tiefergehende Kenntnisse der jeweiligen Bezugswissenschaft voraus (vgl. Werkzeuge IV: Überblick über die Methoden der Literaturwissenschaft).

→ Der **Ablauf eines Interpretationsprozesses** ist stark individuell geprägt. Dennoch wird in dieser Handreichung versucht, einen idealtypischen schriftlichen Interpretationsprozess zu beschreiben (vgl. Werkzeuge V: Der mögliche Ablauf eines (schriftlichen) Interpretationsprozesses).

→ Für das Verfassen der schriftlichen Interpretation ist es wichtig, **Zitate** zu verwenden, die die eigene Vorstellung nachvollziehbar auf den Text beziehen. Dabei müssen die Regeln des korrekten Zitierens eingehalten werden (vgl. Werkzeuge VI: Das Zitat).

→ Schließlich müssen alle für die Interpretation verwendeten **Quellen** nachprüfbar belegt und deshalb in Fuß- oder Endnoten und in einem Literaturverzeichnis angegeben werden. Am Ende dieser Handreichung werden die Regeln der korrekten Quellenangabe an Beispielen aufgezeigt (vgl. Werkzeuge VII: Die korrekte Quellenangabe).

WERKZEUGE IV:
METHODEN DER
LITERATURWISS.

6 WERKZEUGE V:
ABLAUF EINES INTER-
PRETATIONSPROZESSES

7 WERKZEUGE VI:
DAS ZITAT

8 WERKZEUGE VII:
KORREKTE
QUELLENANGABEN

Wegen des begrenzten Umfangs dieser Handreichung werden die genannten Themenbereiche jeweils durch Merksätze, Tabelle oder Schaubilder präsentiert. Weitere Informationen sind in den im Literaturverzeichnis genannten Publikationen erhältlich.

„Richtiges" Interpretieren heißt …

… eine individuelle Vorstellung des Sinngehaltes eines Textes zu schaffen,

… keine vorgefertigten Interpretationen ungeprüft zu übernehmen,

… die individuelle Deutung auf der Grundlage des Textes nachvollziehbar zu machen,

… die Interpretationswerkzeuge zu verwenden, die die eigene Deutung erweitern können,

… in einer Anschlussdiskussion (schriftlich oder mündlich) die eigene Auslegung zu erläutern und Rückmeldungen von Gesprächspartnern zu reflektieren,

… offen zu sein dafür, dass sich die persönliche Deutung im Laufe der Zeit ändern kann, je nachdem, wie sich das eigene Vorwissen entwickelt.

2.1   Lesarten/Lesetechnik

2   Werkzeuge I: Texterschließung

2.1   Lesarten/Lesetechnik

Globalverstehen
grober Überblick, Klärung der W-Fragen (Was?, Wer?, Wem?, Wann?, Warum?)

Selektive Verstehensstrategien
Herausarbeitung bestimmter Textinformationen

Detailverstehen
Wort-für-Wort-Verständnis eines Textes

2.2   Textwiedergabe

Schritte zur Erstellung einer schriftlichen Textwiedergabe
→ Text mehrmals genau lesen (s. Lesarten/Lesetechnik), unbekannte Wörter klären.
→ Thema des Textes in einem Satz oder in zwei Sätzen zusammenfassen.
→ Mögliche Intention (Absicht) des Textes ermitteln.
→ Literarische Gattung bestimmen.
→ Text in Handlungs- bzw. Sinnabschnitte einteilen, Überschriften finden und einzelne Abschnitte kurz – auch stichwortartig – zusammenfassen, dabei direkte Rede in indirekte Rede umformen.
→ Gliederung des Aufsatzes entwerfen.
→ Ausarbeitung des Aufsatzes formulieren.
→ Aufsatz nochmals durchlesen, auf Rechtschreibung, Zeichensetzung und gute Verständlichkeit des Ausdrucks achten.

2.2   Textwiedergabe

Merkmale einer Textwiedergabe

→ Wiedergabe der wesentlichen Handlungen und Handlungsschritte sowie Nennung der wichtigsten Personen

→ Textwiedergabe in eigenen Worten, vom Wortlaut des Textes weitgehend lösen

→ objektiv-distanzierende Schreibhaltung, d. h. Verzicht auf wörtliche Rede und andere möglicherweise spannungssteigernde Elemente

→ keine persönliche Kommentierung des Geschehens

→ Tempus: Präsens oder Perfekt (um vorzeitige Handlungen auszudrücken)

→ Kürze: Weglassen aller überflüssigen Details

→ Zitate vermeiden

Umwandlung direkter Rede in indirekte Rede / Verwendung des Konjunktivs

In der Inhaltsangabe benützt man keine wörtliche Rede, damit der sachliche Eindruck des Gesamttextes gewahrt bleibt. Man kann Dialoge entweder ganz weglassen oder, wenn man sie wichtig findet, knapp zusammenfassen. Das geschieht mit der indirekten Rede:

Luis sagt: „Ich kann morgen nicht kommen."
Luis sagte, er könne morgen nicht kommen.
Ina fragt: „Kommst du heute zum Konzert?"
Ina fragte, ob er zum Konzert komme.

Steht die direkte Rede im Präsens, verwendet man zur Bildung der indirekten Rede Konjunktiv I Präsens: Er wird gebildet aus dem Stamm des Infinitivs (z. B. „lachen", „fliegen") und der jeweiligen Personalendung: -e, -(e)st, -e; -en, -(e)t, -en.

Wenn die Form des Konjunktivs mit der Form des Indikativs Präsens identisch ist, kann man direkte und indirekte Rede nicht mehr richtig auseinanderhalten. Deshalb benutzt man dann für die indirekte Rede den Konjunktiv II Präteritum.

2.2 Textwiedergabe

Er wird gebildet aus den Stamm des Präteritums (z. B. „lachte", „flog") plus Personalendung des Konjunktivs (bei starken Verben oft mit Umlaut, z. B. „er flöge").

Ist der Konjunktiv II Präteritum wiederum identisch mit dem Indikativ Präteritum, dann verwendet man die Umschreibung mit „würde". **Beispiel:** *direkte Rede*: Herr Meier sagt: „Die Leute lachen über mich." → *indirekte Rede*: Herr Meier sagte, sie lachen über ihn. (identisch) → Herr Meier sagte, sie lachten über ihn. (identisch) → Herr Meier sagte, sie würden über ihn lachen.

Eine ähnliche Vorgehensweise gilt für das Perfekt; ist der Konjunktiv I Perfekt identisch mit dem Indikativ Perfekt, dann verwendet man den Konjunktiv II Plusquamperfekt. **Beispiel:** *direkte Rede*: Die Kinder behaupteten: „Wir haben laut gerufen." → *indirekte Rede*: Die Kinder behaupteten, sie haben laut gerufen. (identisch) → Die Kinder behaupteten, sie hätten laut gerufen.

3.1 Begriffe der Erzähltextanalyse

3 Werkzeuge II: Wichtige Begriffe[1]

3.1 Begriffe der Erzähltextanalyse

BEGRIFF	ERKLÄRUNG
Außensicht	Ein Erzähler beschreibt in personaler oder auktorialer Erzählperspektive, was von außen wahrnehmbar ist.
Bericht	im epischen Werk: kurzer Abriss des Geschehens, dient der Zeitraffung
Bewusstseinsstrom (stream of consciousness)	assoziative, teilweise als ungeordnet erscheinende Aneinanderreihung der Gedanken, Erinnerungen, Empfindungen, Wahrnehmungen und Reaktionen einer Figur; Erzähltechnik des Bewusstseinsstromes: innerer Monolog
Bildebene	Textinhalt einer Fabel oder Parabel, der einer Sachebene zugeordnet werden muss
Binnenerzählung	Erzählung innerhalb einer Rahmenerzählung
Dialog	(griech. „Gespräch"), Wechselrede zwischen zwei Personen
Epik	(griech. „zum Epos gehörig"), im Unterschied zur Lyrik und zum Drama erzählende Dichtung: z. B. Fabel, Parabel, Novelle, Anekdote, Witz, Roman, Kurzgeschichte, Erzählung
Epische Breite	weit ausholende Erzählweise, die bei Einzelheiten verharrt und häufig abschweift
Erlebte Rede	Form zwischen direkter und indirekter Rede, verdeutlicht innere Vorgänge aus der Perspektive der Figur in der 3. Pers. Präteritum Beispiel: Er sagte: „Ich will jetzt ins Haus gehen." (direkte Rede) Er sagte, dass er ins Haus gehen wolle. (indirekte Rede) Er wollte jetzt ins Haus gehen. (erlebte Rede)
Erzähler	Vermittlungsinstanz zwischen dem fiktionalen Geschehen und dem Leser
Erzählgegenwart	zeitlicher Ort des Erzählers (im Gegensatz zum zeitlichen Ort des Erzählten)

---

1 Vgl. Frank, Sigrid; Möbius, Thomas: *ABC der lyrischen, epischen und dramatischen Grundbegriffe*. 3. Aufl., Hollfeld: Bange, 2007.

GUDRUN BLECKEN

3.1 Begriffe der Erzähltextanalyse

Erzählhaltung	Der Punkt, von dem aus der Erzähler auf das Geschehen blickt, lässt sich mit den Begriffen „Nähe" (personal) und „Ferne" (auktorial) bezeichnen. → Der auktoriale Erzähler (1. oder 3. Person Singular) überblickt das Geschehen, das er erzählt, berichtet über die Innen- und Außenwelt der Figuren, er kennt den Ausgang, mischt sich in das Erzählte ein und kommentiert Ereignisse. → Ich-Erzähler: Er ist mit einer Figur des Textes identisch und gehört damit zur fiktiven Welt des epischen Textes. → Der personale Erzähler (1. oder 3. Person Singular) ist selbst ein Teil der erzählten Welt, er verfügt nur über die Sicht der gewählten fiktiven Person und deutet die erzählte Welt ausschließlich subjektiv.
Erzählperspektive	Blickpunkt, von dem aus der Erzähler auf das Geschehen schaut
Erzählschritte	Entwicklung und Darstellung des Geschehens. Beim Geschehen kann man zwischen dem äußeren (sichtbare Handlung) und dem inneren Geschehen (Gedanken, Gefühle, Ängste) unterscheiden.
Erzählte Zeit	Zeit, in der sich die Handlung abspielt
Erzählzeit	durchschnittliche Zeit, die ein Leser zur Lektüre braucht
Fabel	(lat. „Erzählung"), literarische Gattung (episch, lyrisch), in der Tiere menschliche Eigenschaften verkörpern, meist mit Lehre, die erzieherischen oder satirischen Effekt erzielen soll; auch: Kern („plot") einer epischen oder dramatischen Handlung
Handlung	(oder Geschehen) innere Handlung: spielt sich im Innenbereich (Gedanken, Gefühle) der Figuren ab äußere Handlung: spielt sich im wahrnehmbaren Bereich ab
Held – Antiheld	wertfreie Bezeichnung für die Hauptfigur eines Werkes; im Gegensatz zum Helden zeigt der Antiheld keinerlei heroische Züge, er ist passiv, schwach, Opfer der Umwelt (z. B. Woyzeck in Büchners gleichnamigem Drama)
Innensicht	ein auktorialer oder personaler Erzähler beschreibt, was nicht von außen wahrnehmbar ist, er kommentiert und deutet
Innerer Monolog	Gedanken einer Figur in der 1. Person Sg. Präsens
Kurzgeschichte	nach Vorbild der amerikanischen „short story" eine Erzählung mit unmittelbarem Anfang (Einblendung), reduziertem Personal, straffer und linearer Erzählweise und meist offenem, deutungslosem Schluss; verwandt mit Novelle und Anekdote; Stoffe aus der Alltagswirklichkeit

3.1 Begriffe der Erzähltextanalyse

Märchen	(mhd. „Kunde", „Nachricht"), epische Form, thematisiert allgemein menschliche Konflikte in einer vom herkömmlichen Verständnis von Raum, Zeit und Kausalität losgelösten Wirklichkeit, häufig mit erzieherischem Impetus
Monolog	(aus griech. „allein" + „Rede"), Selbstgespräch einer Person, kann verschiedene Funktionen übernehmen, z. B. als „epischer Monolog": Beschreibung nicht dargestellter oder darstellbarer Sachverhalte „Reflexionsmonolog": Kommentar der Figur „Konfliktmonolog": Verdeutlichung des inneren Entscheidungskonfliktes „Entschlussmonolog": im Anschluss an den Konfliktmonolog
Novelle	(ital. „Neuigkeit"), kürzere Vers- oder Prosaerzählung über eine „unerhörte Begebenheit" (nach Goethe), die nicht alltäglich, aber wahrscheinlich (Unterschied zum Märchen) ist; pointierte, auf das Wesentliche beschränkte Struktur mit Höhe- und Wendepunkt
Parabel	(griech. „Vergleichung", „Gleichnis"), gleichnishafte Erzählung mit Bild- und Sachhälfte und einem zumeist nicht ausdrücklich genannten Vergleichspunkt („tertium comparationis"); durch Analogiebildung wird die enthaltene allgemeine sittliche Wahrheit erschlossen.
Poesie	(griech. „das Machen, Dichten"), allgemeine Bezeichnung für Dichtung; als Bezeichnung für Versdichtung steht sie im Gegensatz zur Prosa.
Prosa	(lat. „geradewegs gehende Rede"), nicht durch Reim oder Metrum gebundene Redeweise, Gegensatz zur Poesie im engeren Sinne
Roman	(altfranz. „in der Volkssprache geschrieben"), epische Großform; Erzählgewebe aus Beschreibung, Dialog, Bericht zur entwerfenden Darstellung eines Welt- und Lebensausschnitts, in dem Kräfte von Schicksal und Umwelt auf Individuum oder Kollektiv einwirken
Rückblende	Unterbrechung des kontinuierlichen Erzählflusses, um auf etwas Vergangenes zu verweisen
Sachebene	als Gegenbegriff zur Bildebene das, was eigentlich gemeint ist; Bereich der Wirklichkeit, der auf der Bildebene verschlüsselt zum Ausdruck kommt
Satire	keine Gattung, sondern eine Haltung, die mit allen literarischen Gattungen eine Verbindung eingehen kann. Kennzeichen: spöttische Haltung, die indirekt kritisiert und dadurch eine Verbesserung der Zustände erreichen will

3.2   Poetische Gestaltungsmittel in lyrischen Texten

Vorausdeutung	Unterbrechung des kontinuierlichen Erzählflusses, um auf etwas Zukünftiges hinzuweisen
Zeitdeckung	Erzählzeit nahezu identisch mit erzählter Zeit; beschriebener Vorgang dauert dieselbe Zeit wie die Lektüre; dadurch Eindruck naturgetreuer Wiedergabe, Erhöhung der Eindringlichkeit und Unmittelbarkeit (bes. bei Bewusstseinsstrom)
Zeitdehnung	Erzählzeit länger als erzählte Zeit; ein in Wirklichkeit kurzer Vorgang wird ausführlich beschrieben, dadurch Erhöhung der Anschaulichkeit
Zeitraffung	Erzählzeit kürzer als erzählte Zeit; ein in Wirklichkeit lange dauernder Vorgang wird sehr kurz beschrieben, dadurch große Dynamik; geeignet, um längere Zeiträume zusammenzufassen

3.2   Poetische Gestaltungsmittel in lyrischen Texten

BEGRIFF	ERKLÄRUNG
Alexandriner	Reimvers mit sechshebigem Jambus, der nach der dritten Hebung eine deutliche Zäsur aufweist
Allegorie	(griech. „etwas anderes sagen"), bildhaft-konkrete Darstellung von etwas Abstraktem, Allegorie ist das, was sie meint (Unterschied zum Symbol)
Alliteration (Stabreim)	(aus lat. „hinzu" + „Buchstabe"), gleicher Anlaut der Konsonanten der Stammsilbe
Alternation	(lat. „abwechseln"), regelmäßiger Wechsel von einsilbiger Hebung und einsilbiger Senkung
Anapäst	(aus griech. „Zurückschlagen"), dreisilbiger Versfuß, der aus zwei kurzen (unbetonten) Silben und einer langen (betonten) Silbe besteht
Anapher	(griech. „Rückbeziehung"), Wiederholung desselben Wortes oder derselben Wortgruppe am Anfang von aufeinanderfolgenden Sätzen oder Satzgliedern
Antithetik	(aus lat. „gegen" + „Behauptung"), Gegenüberstellung von Begriffen oder Inhalten
Assonanz	(frz. „Anklang"), Halbreim durch Gleichklang der Vokale

3.2 Poetische Gestaltungsmittel in lyrischen Texten

Asyndeton	(griech. „unverbunden"), Reihung von Sätzen oder Satzgliedern ohne Konjunktion
Auftakt	unbetonte, der ersten Hebung vorangehende Silbe(n) am Versanfang Beispiel: „Mir ist ich weiß nicht wie / ich seufftze für und für." (Gryphius, *Thränen in schwerer Krankheit. Anno 1640*)
Ballade	(ital. „Tanzlied"), ursprünglich ein zum Tanzen gesungenes Lied, heute versteht man darunter eine knapp skizzierende Erzählung in Strophenform, die ein geheimnisvolles, außergewöhnliches Ereignis mit meist tragischem Ende aus der Geschichte, der Sage, der Legende oder aus dem zeitgenössischen Geschehen thematisiert. Die Spannung wird im Schluss, der Pointe, aufgelöst. Man unterscheidet Volksballaden, die als einfache Erzählungen mündlich tradiert wurden, und Kunstballaden, die von einem Dichter gestaltet werden und meist einen kunstvollen Aufbau besitzen.
Bild	sprachliche Form des anschaulichen, aber uneigentlichen Sprechens, d. h., der sprachliche Ausdruck meint nicht das Bild, sondern etwas anderes: Beispiel: Hektor ist stark wie ein Löwe. Das sprachliche Bild kann verschiedene Formen haben, z. B. Allegorie, Chiffre, Emblem, Metapher, Personifizierung, Symbol, Synekdoche, Vergleich
Blankvers	reimloser, fünfhebiger Jambus
Daktylus	(griech. „Finger"), dreisilbiger Versfuß, der aus einer langen (betonten) Silbe und zwei kurzen (unbetonten) Silben besteht
Enjambement	(frz. „Überschreitung"), Zeilensprung, Vers- und Satzende stimmen nicht überein, dadurch besondere Hervorhebung des Inhalts, Zeichen von Zusammenordnung/Zusammengehörigkeit, Steigerung der Dynamik
Erweiterter Reim	Gleichklang von Wörtern, die noch Elemente vor dem eigentlichen Reimwort wie einzelne Buchstaben, Vorsilben oder ganze Wörter einschließen, auch Vorreim genannt

GUDRUN BLECKEN

3.2   Poetische Gestaltungsmittel in lyrischen Texten

Farbsymbol	(Farbe + griech. „Kennzeichen", „Merkmal") konkrete Zeichen, in diesem Falle Farben, die auf abstrakten Inhalt hindeuten Beispiele für Farbsymbole und ihre gängigen Bedeutungen: braun: Farbe des Bodens, mütterliche Farbe, im Mittelalter Symbol der Demut; auch als Farbe der Nationalsozialisten blau: Farbe der Unendlichkeit, Sehnsucht, Treue und Verlässlichkeit, auch als Trauerfarbe und Farbe des Bösen gelb: Fruchtbarkeit, Sinnlichkeit, auch negativ als Farbe der Ausgestoßenen, Farbe des Neides grün: Farbe der Hoffnung, des aufbrechenden Lebens, der Liebe, auch negativ als Farbe des Todes weiß: Farbe der Reinheit, der Unschuld, auch als Farbe der Trauer rot: Farbe des Lebens, der Liebe, auch für Kampf, Gefahr, Blut; in der Bibel auch für Sünde violett: Treue, auch Buße schwarz: Farbe des Unglücks, der Trauer, des Bösen
Hebung	Bezeichnung für die betonte Silbe im Vers, Bezeichnung z. B. mit „–" oder mit „´"
Hyperbel	(griech. „Übermaß"), Übertreibung
Hypotaxe	(griech. „Unterordnung"), Fügung aus Haupt- und Nebensatz
Jambus	(griech. „schleudern"), zweisilbiger Versfuß, der aus einer kurzen (unbetonten) und einer langen (betonten) Silbe besteht
Kadenz	(zu lat. „fallen"), Form des Versendes, einsilbig (stumpfe oder männliche Kadenz) oder zweisilbig (klingende oder weibliche Kadenz)
Konkrete Poesie	Form der modernen Lyrik, die sich der Sprache z. B. unter visuellen oder akustischen Gesichtspunkten bedient (z. B. in Form ornamentaler Anordnung)
Lyrisches Ich	Bezeichnung für den Sprecher im Gedicht (= Erzähler in epischen Texten), darf nicht mit dem Dichter verwechselt werden, auch wenn es ihm in Stimmungen und Gedanken sehr nahekommt
Metapher	(griech. „Übertragung"), bildhafter Ausdruck, bildhafte Unterstützung der Aussage, Verstärkung der Suggestion im Dienste von Aufwertung oder Abwertung

3.2 Poetische Gestaltungsmittel in lyrischen Texten

Metonymie	(aus griech. „einen anderen Namen bekommen"), Umbenennung, indem verwandte Begriffe vertauscht werden
Metrum	(griech. „Maß"), 1. Bezeichnung für kleinste Einheit im Vers (= Versfuß), mehrere Metren bilden das Versmaß; 2. Bezeichnung für Versmaß, das sich nach Betonung und Dauer bestimmt und den Takt (Versfuß) als kleinste rhythmische Einheit hat. Aufgrund der natürlichen Sinnbetonung unterscheidet man die Versfüße Jambus, Trochäus, Daktylus, Anapäst.
Neologismus	(aus griech. „neu" + „Wort"), Wortneuschöpfung
Parallelismus	(griech. „gleichlaufend"), Wiederholung von gleichen syntaktischen Fügungen
Parataxe	(griech. „Danebenstellen"), Aneinanderreihung von Hauptsätzen
Personifikation	(aus griech. „Person" + „machen"), Vermenschlichung
Poesie	(griech. „das Machen, Dichten"), allgemeine Bezeichnung für Dichtung; als Bezeichnung für Versdichtung steht sie im Gegensatz zur Prosa.
Polysyndeton	(aus griech. „viel" + „verbunden"), Verbindung einzelner Wörter oder Satzglieder mit der gleichen Konjunktion
Prosa-Gedicht	lyrische Bearbeitung eines Stoffes, ohne Endreim oder exaktes Metrum, ohne besonders betonten Rhythmus (Mitte zwischen rhythmischer Prosa und freien Rhythmen)
Reim	Gleichklang zweier oder mehrerer Wörter vom letzten betonten Vokal an
Reimformen	Binnenreim: Reimwörter innerhalb einer Verszeile Kreuzreim: abab Paarreim: aabb reiner Reim: Reimsilben zweier Verse sind vom letzten betonten Vokal an vollkommen identisch rührender Reim: identischer Klang zweier oder mehrerer Wörter, auch: identischer Reim Schweifreim: aabccb umschließender Reim: abba
Rhythmus	(zu griech. „fließen"), harmonische Sprachbewegung, die aus dem Metrum und der dem natürlichen Sinn folgenden Betonung resultiert

3.3   Begriffe der Dramenanalyse

Schüttelreim	Reimspiel durch Vertauschung der anlautenden Konsonanten der Reimsilben
Senkung	unbetonte Silbe im Gegensatz zur betonten Silbe (Hebung), Bezeichnung z. B. mit „◡"
Strophe	(griech. „Wendung"), Verbindung mehrerer Verse zu einer Sinneinheit als (auch optisches) Gliederungselement eines Gedichtes
Symbol	(griech. „Kennzeichen", „Merkmal"), konkretes Zeichen, das auf abstrakten Inhalt hindeutet
Trochäus	(griech. „Läufer"), zweisilbiger Versfuß, der aus einer langen (betonten) und einer kurzen (unbetonten) Silbe besteht
Unreiner Reim	Reimsilben zweier Verse sind ähnlich, stimmen aber nur unvollkommen überein, auch: Halbreim
Vergleich	Verbindung zweier Bereiche mittels eines Vergleichspunkts („tertium comparationis"), zumeist mit dem Vergleichswort wie
Vers	(lat. „Wendung"), gegliederte, poetisch gestaltete Wortfolge (Gegensatz: Prosa)
Waise	reimlose Zeile innerhalb eines gereimten Versgefüges

3.3   Begriffe der Dramenanalyse

BEGRIFF	ERKLÄRUNG
Absurdes Theater	(lat. „losgelöst"), gestaltet die existenzialistische Grunderfahrung der Sinnwidrigkeit menschlicher Existenz in einer sinnentleerten Welt; Autoren: Samuel Beckett, Eugène Ionesco, Jean Genet, Jean Paul Sartre
Akt	(lat. „Handlung", „Vorgang"), in sich einheitlicher und geschlossener Abschnitt eines Dramas
Analytisches Drama	Drama, das Geschehnisse aus der Vergangenheit im Verlaufe der Handlung aufdeckt. Gegensatz: Zieldrama
Aristotelisches Drama	im Gegensatz zum epischen Theater Bezeichnung für streng gebaute, klassische Form des Dramas; Geschlossenheit wird durch Beachtung der drei Einheiten erreicht; Ziel: Katharsis

3.3 Begriffe der Dramenanalyse

Aufsteigende Handlung	Ort: zwischen Exposition und Peripetie; Funktion: Spannungssteigerung durch Entfaltung des in der Exposition angelegten Problemgehaltes
Auftritt	1. Szene 2. Erscheinen der Schauspieler auf der Bühne
Botenbericht	dramaturgisches Hilfsmittel, um vergangene Ereignisse, deren Darstellung den Zusammenhang der Handlung gefährden oder die bühnentechnischen Voraussetzungen übersteigen würde (z. B. Seeschlachten), in Form eines erzählenden Berichts auf die Bühne zu bringen
Chor	(griech. „Reigentanz", „Tanzplatz", „versammelte Schar von Tänzern"), Gruppe von Personen, die durch Zusammenklang ihrer Stimmen eine Einheit bilden und die Handlung wertend, betrachtend oder (voraus-)deutend begleiten
Deus ex Machina	(lat. „Gott aus der Maschine"), Bezeichnung für Figur (manchmal auch Ereignis), die eine überraschende Wendung in einem bis dahin unlösbar erschienenen Konflikt herbeiführt
Dialog	(griech. „Gespräch"), Wechselrede zwischen zwei Personen
Dokumentarisches Theater	Form des politischen Dramas der 60er Jahre, das in einer Art Reportage Material zu brisanten politischen Themen in mehr oder weniger unveränderter Form auf die Bühne bringt; Ziel: Diskussion über politische Themen anregen
Drama	(griech. „Handlung"), neben Lyrik und Epik eine der drei literarischen Großformen; wird bestimmt durch Darstellung einer meist in sich geschlossenen (geschlossenes Drama, Gegensatz: offenes Drama) und sich auf Monolog und Dialog stützenden Handlung, die auf einer Bühne szenisch präsentiert wird; Handlungsstruktur zumeist bestimmt von: Exposition, Peripetie, Katastrophe; für 5-aktiges Zieldrama gilt auch das Schema Gustav Freytags: Exposition (1. Akt), Steigerung durch erregende Momente (2. Akt), Höhepunkt/Peripetie (3. Akt), retardierende Spannungsmomente (4. Akt), Katastrophe (5. Akt); Einteilung nach Dramenform in z. B. Tragödie, Komödie, Tragikomödie, episches Theater, Dokumentartheater, Lustspiel, Schauspiel

WERKZEUGE IV:
METHODEN DER
LITERATURWISS.

6 WERKZEUGE V:
ABLAUF EINES INTER-
PRETATIONSPROZESSES

7 WERKZEUGE VI:
DAS ZITAT

8 WERKZEUGE VII:
KORREKTE
QUELLENANGABEN

3.3 Begriffe der Dramenanalyse

	Einteilung nach Weltanschauung in z. B. idealistisches Drama, absurdes Drama Einteilung nach Epoche in z. B. klassisches Drama, naturalistisches Drama Einteilung nach Aufbau in z. B. analytisches Drama, Zieldrama Einteilung nach sozialem Stand z. B. in bürgerliches Trauerspiel, soziales Drama
Drei Einheiten	mit Bezug auf Aristoteles von frz. Klassizismus geforderter innerer Zusammenhalt des Dramas durch: Einheit der Handlung (vollständige Handlung mit Anfang und Ende ohne Abschweifungen), Einheit des Ortes (gleichbleibender Spielort), Einheit der Zeit (24 Stunden als Zeitvorgabe für gesamte Handlung)
Episches Theater	von Bertolt Brecht entwickelte Dramenform, die sich als Gegenstück zum aristotelischen Drama versteht; episches Theater betreibt Desillusionierung des Zuschauers (Verfremdungseffekt), Zuschauer soll zum aktiven, kritischen Betrachter der Handlung werden; lockerer Aufbau des Dramas meist in Form von Episoden, Verwendung von kommentierenden Songs, Schluss meist offen, um Zuschauer zum Weiterdenken zu veranlassen; Ziel: Zuschauer wird zur Veränderung von erkannten Missständen aufgerufen.
Exposition	(lat. „Darlegung"), meist zu Beginn stattfindende Einführung in Ort, Zeit, Personen, Ausgangssituation zur Klärung der Voraussetzungen der Handlung
Fabel	(lat. „Erzählung"), literarische Gattung (episch, lyrisch), in der Tiere menschliche Eigenschaften verkörpern, meist mit Lehre, die erzieherischen oder satirischen Effekt erzielen soll; Kern („plot") einer epischen oder dramatischen Handlung
Fallhöhe	dramaturgischer Begriff von Batteux und später Gottsched zur Begründung der Ständeklausel; tragische Erschütterung der Zuschauer überzeugender beim Scheitern einer Figur von hohem (meist fürstlichem) Stand; Probleme der niederen Stände (bürgerliches Trauerspiel) entbehren tragischer Ausweglosigkeit, da sie sich meist durch menschliche Hilfe bewältigen ließen (geringere Fallhöhe)
Geschlossenes Drama	Drama, das streng nach den drei Einheiten aufgebaut ist

3.3 Begriffe der Dramenanalyse

Katastrophe	(gr. „Umkehr", „Umsturz"), Abschluss des Dramas mit Lösung des Konflikts zum Guten (Komödie) oder zum Schlimmen (Tragödie)
Katharsis	(griech. „Reinigung"), Begriff aus der aristotelischen Poetik: Aufgabe der Tragödie bestimmt als Erregung von Mitleid und Furcht und als Reinigung dieser Eigenschaften oder als Reinigung des Zuschauers von diesen Eigenschaften
Komödie	(aus gr. „Umzug" + „Gesang"), komisches Bühnenstück, das durch Entlarvung menschlicher Unzulänglichkeiten Heiterkeit erzielt, Gegensatz: Tragödie
Lustspiel	häufig gleichbedeutend mit Komödie, will aber nicht kritisch Unzulänglichkeiten aufdecken, sondern versöhnlich stimmen; reines Lachen und Heiterkeit als Ziel
Monolog	(aus griech. „allein" + „Rede"), Selbstgespräch einer Person, kann verschiedene Funktionen übernehmen, z. B. als „epischer Monolog": Beschreibung nicht dargestellter oder darstellbarer Sachverhalte „Reflexionsmonolog": Kommentar der Figur „Konfliktmonolog": Verdeutlichung des inneren Entscheidungskonfliktes „Entschlussmonolog": im Anschluss an den Konfliktmonolog
Offenes Drama	Drama, das die strenge Aufbauform des geschlossenen Dramas missachtet, indem z. B. auf einen Handlungsschluss verzichtet wird oder die Handlung auf mehrere Spielorte verteilt wird
Peripetie	(griech. „plötzlicher Umschlag"), von Aristoteles eingeführter Begriff der Poetik, bezeichnet im Drama den plötzlichen Umschwung im Schicksal des Helden, findet als Höhepunkt zumeist im mittleren Akt statt, in dem es auf Exposition und steigende Handlung folgt und in die fallende Handlung und schließlich in die Katastrophe mündet
Prolog	(griech. „Vorwort", „Vorspruch"), Worte vom Dichter oder von Schauspielern vor dem Beginn der eigentlichen Handlung
Regieanweisung	in den Dramentext eingefügte Bemerkungen des Dichters bezüglich Bühnenausstattung, Mimik, Gestik, Sprechtempo, Musik, Auftreten und Abtreten von Figuren

GUDRUN BLECKEN

3.3 Begriffe der Dramenanalyse

Retardation	(frz. „Verzögerung"), Handlungsverzögerung, oft im 4. Akt als Gegenstück zum erregenden Moment mit dem Ziel, einen anderen Ausgang als den in der Peripetie angedeuteten aufzuzeigen, wirkt spannungssteigernd
Schauspiel	allgemein als Oberbegriff für Trauerspiel und Lustspiel; in engerem Sinne als Zwischenform zwischen Trauerspiel und Lustspiel
Sekundenstil	Beschreibungstechnik vor allem des Naturalismus, die versucht, Wirklichkeit möglichst genau („sekundenweise") durch Detailtreue und minutiöse Genauigkeit zu erfassen
Ständeklausel	Forderung vor allem der Poetik der Renaissance, nur Angehörige der höheren Stände als Figuren in der Tragödie mitwirken zu lassen (Grund: Fallhöhe); für den niederen bürgerlichen Stand ist Komödie vorgesehen
Steigende Handlung	Überleitung (Ende 1. Akt und 2. Akt) von der Exposition zum Höhepunkt; enthält Andeutungen über Verwicklung der Handlung
Szene	(gr. „hölzernes Gerüst, auf dem Schauspieler spielen"), Bühne, Bestandteil des Aktes (Auftritt) oder allgemein: Vorgang auf der Bühne
Tragikomödie	dramatische Form, in der Tragik und Komik vermischt werden, um die Doppelgesichtigkeit des menschlichen Lebens und der Welt zu verdeutlichen
Tragödie	(gr. „Bocksgesang"), neben der Komödie wichtigste Form des Dramas, im allgemeinen Sprachgebrauch gleichbedeutend mit Trauerspiel; Tragödie gestaltet die Unausweichlichkeit des Schicksals oder einer sittlichen Weltordnung, dem ein menschliches Leben am Ende unterliegt; Themen sind immer existenzielle Grundfragen des Menschen; in der Antike besonders von Aristoteles und später in der deutschen Klassik als streng aufgebautes Drama mit Ständeklausel, drei Einheiten und Katharsis gefordert
Trauerspiel	im allgemeinen Sprachgebrauch gleichbedeutend mit Tragödie; Bezeichnung für deutsche Form der Tragödie, z. B. als bürgerliches Trauerspiel
Zieldrama	Drama, das auf Katastrophe/Auflösung am Ende des Stücks hinzielt; Gegensatz: analytisches Drama

3.3   Begriffe der Dramenanalyse

Elemente der Theatralik

visuell				
raumbezogen			**auf Schauspieler bezogen**	
Theaterort	Theaterraum	Bühnenraum	Erscheinung des Schauspielers	Tätigkeit des Schauspielers
Karren	Bühnenbau	Tableaus	Statur/Aussehen	Kinesik (Gesichts-/
Wagen	steinernes	Illusionsgemälde	Körperhaltung	Körperbewegungen)
Kirche	Bühnenhaus	Soffitten	Physiognomie	Mimik (Gesichtsbewe-
Marktplatz	hölzernes	Maschinen	Maske (starre	gungen)
Fabrik	Bühnenhaus	Beleuchtung	Maske, Halb-	Gestik (Gebärdenspra-
Hof	Aufteilung	Prospekte	maske)	che: Gesicht, Hände,
Wiese	Bühnen-/	(perspektivisch	Schminke	Körper – ohne Positi-
Straße	Zuschauer-	gemalter Hinter-	Frisur	onswechsel)
Zimmer	raum	grund)	Kostüm	Proxemik (Raumver-
etc.	Galerien	Projektionen	Kopfbedeckung	halten – Körperbewe-
	Logen	etc.	olfaktorisch	gung mit Positions-
	etc.		etc.	wechsel)
				etc.

GUDRUN BLECKEN

WERKZEUGE IV:
METHODEN DER
LITERATURWISS.

6 WERKZEUGE V:
ABLAUF EINES INTER-
PRETATIONSPROZESSES

7 WERKZEUGE VI:
DAS ZITAT

8 WERKZEUGE VII:
KORREKTE
QUELLENANGABEN

3.3   Begriffe der Dramenanalyse

akustisch		
sprachliche Zeichen		**nicht-sprachliche Zeichen**
paralinguistische Zeichen	**linguistische Zeichen**	
Stimmausdruck	Wortschatz	Musik
Register	Wortebenen	Geräusche
Intonation	Sprechakte	Klangeffekte
etc.	Sprachhandlungen	Tonunterlegungen
	etc.	Lichteffekte
Sprechweise		etc.
Höhenverlauf		
Tonhöhe		
Betonung		
Tonstärke		
Melodie		
Dynamik		
Artikulation		
Rhythmus		
Phrasierung		
Tempo und Pausen		
etc.		

3.4   Charakterisierungselemente

Die Charakterisierung einer literarischen Figur

Eine literarische Figur zu charakterisieren bedeutet, ihr Äußeres und ihre Wesensart, so wie sie im Text erscheint, zu beschreiben und von da aus Rückschlüsse auf die Aussageabsicht des Textes zu ziehen.

Im literarischen Text selbst kann man unterscheiden zwischen einer **direkten** und einer **indirekten** Charakterisierung, die entweder durch eine Figur des Textes erfolgen kann (**figural**) oder vom Erzähler (**auktorial**) vorgenommen wird:

→ **direkte auktoriale Charakterisierungen** sind Charakterisierungsaussagen über Figuren, die vom Erzähler stammen,
→ bei **indirekten auktorialen Charakterisierungen** weist der Erzähler auf Sachverhalte hin, die auf einen bestimmten Charakterzug schließen lassen,
→ **direkte figurale Charakterisierungen** sind Aussagen von Figuren der literarischen Realität über eine andere Figur,
→ bei **indirekten figuralen Charakterisierungen** weisen Figuren der literarischen Realität auf Sachverhalte hin, die auf einen bestimmten Charakterzug einer anderen Figur schließen lassen.

Zur Beschreibung der äußeren Erscheinung gehören Selbstverständlichkeiten wie das **Geschlecht** und das **Alter** der Figur, aber auch **Aussehen**, **Kleidung** und **Habitus** (Haltung; Art des Auftretens). Von Bedeutung, vor allem auch in Beziehung zu anderen Figuren des Textes, ist die **soziale Situation**: **Herkunft**, **Beruf**, **Familienstand**, **soziales Umfeld**, **Freunde** sind hier wichtige Kriterien.

Neben diesen Gegebenheiten ist auch das **konkrete Verhalten** der jeweiligen Figur von Bedeutung: Wie verhält sie sich anderen gegenüber? Wie wird sie von anderen wahrgenommen? Wovon sind konkrete Verhaltensweisen bestimmt? Wie spricht die Figur, welche scheinbar nebensächlichen Eigenarten und Gewohnheiten zeigt sie?

3.4   Charakterisierungselemente

Auch die **Interessen und Gefühle**, kurz die **seelische Disposition** der Figur sind von Bedeutung für die Charakteristik.

Charakteristiken sind **sachlich** und im **Präsens** zu verfassen. An geeigneten Stellen sind Textbelege als wörtliche oder sinngemäße Zitate zu verwenden.

4.1   Epochenblatt Mittelalter (750–1500)

4   Werkzeuge III: Einordnung in die literarische Epoche

4.1   Epochenblatt Mittelalter (750–1500)

INHALTLICHE MERKMALE	HAUPTVERTRETER UND WERKE	FORMALE MERKMALE
Zunächst lateinisch-deutsche Glossare, dann geistliche Literatur Kreuzzugsdichtung Literarische Verarbeitung der Ideale der ritterlichen Gesellschaft (*êre*, *mâze*, *zuht*) Idealisierung der höfischen Dame in Minneliedern	*Malbergische Glossen* (750) *Abrogans* (764/72) Hartmann v. Aue (1168–1220): *Erec*, *Iwein* Wolfram von Eschenbach (1170–1220): *Parzival* Walther von der Vogelweide (1170–1230): Lyrik Heinrich von Veldeke (Mitte 12. Jh.– Anf. 13. Jh.): *Eneasroman* (1170–1186) Giovanni Boccaccio (1313–1375): *Il Decamerone*	ritterliche Literatur wie z.B. Minnelyrik und Heldenepos politische Spruchdichtung Passionsspiele

4.2   Renaissance/Humanismus/Reformation (1470–1600)

INHALTLICHE MERKMALE	HAUPTVERTRETER UND WERKE	FORMALE MERKMALE
Niedergang des Rittertums und Aufkommen des bürgerlichen Standes Mittelhochdeutsche Sprache verschwunden, aus der sächsischen Kanzleisprache entwickelt sich das Neuhochdeutsche (Luthers Bibelübersetzung) Ideal höchster individueller Persönlichkeitsentfaltung nach antikem Vorbild Humanistische Ideale	Hans Sachs (1494–1576): Meisterlieder, Fastnachtspiele Volksbücher: *Till Eulenspiegel*, *Faust* Martin Luther (1483–1546): Bibelübersetzung Sebastian Brant (1458–1521): *Das Narrenschiff*	Fastnachtsspiel Schwank Fabel Bibelübersetzung, Reformationsschriften Volksbuch Novelle

GUDRUN BLECKEN

WERKZEUGE IV:
METHODEN DER
LITERATURWISS.

6 WERKZEUGE V:
ABLAUF EINES INTER-
PRETATIONSPROZESSES

7 WERKZEUGE VI:
DAS ZITAT

8 WERKZEUGE VII:
KORREKTE
QUELLENANGABEN

4.3   Epochenblatt Barock (1600–1720)

4.3 Epochenblatt Barock (1600–1720)

INHALTLICHE MERKMALE	HAUPTVERTRETER UND WERKE	FORMALE MERKMALE
Kriegserfahrung prägt antithetische Grundstimmung zwischen *carpe diem* (Genuss- und Lebensgier) und der Orientierung an ewigen Werten (*memento mori*) Vergänglichkeit alles Irdischen (vanitas-Gedanke) Entstehung einer einheitlichen deutsche Schriftsprache Übertreibung und Schwulst Satire (z. B. Grimmelshausen) als Mittel zur Auseinandersetzung mit der Realität	Andreas Gryphius (1616–1664): Sonette Martin Opitz (1597–1639): *Buch von der Teutschen Poeterey* Hofmann von Hofmannswaldau (1617–1679): Lyrik Hans Jakob Christoffel von Grimmelshausen (1621–1676): *Der abenteuerliche Simplicissimus*	Sonett Schelmenroman Antithetik als Strukturprinzip Erlebnislyrik Kirchenlied

4.4 Epochenblatt Aufklärung (1720–1785)

INHALTLICHE MERKMALE	HAUPTVERTRETER UND WERKE	FORMALE MERKMALE
Verstand und Vernunft als Richtschnur in allen Bereichen Postulate: religiöse Toleranz, Gleichheit der Menschen, Kritik an absolutistischer Machtausübung Überwindung von Grenzen	Johann Christoph Gottsched (1700-1766): *Versuch einer kritischen Dichtkunst* Christian Fürchtegott Gellert (1715-1769): Fabeln und Erzählungen Gotthold Ephraim Lessing (1729-1781): *Miss Sara Simpson, Nathan der Weise*, Fabeln	Drama mit erziehender Funktion bürgerliches Trauerspiel (Aufhebung der aristotelischen Ständeklausel) Fabel Parabel (*Ringparabel*) Blankvers

4.5   Epochenblatt Empfindsamkeit (1740–1780) und Sturm und Drang (1767–1785)

| Glaube an die Erziehbarkeit und die Belehrbarkeit von Menschen, Literatur mit erziehender Funktion Naturwissenschaftliche Erkenntnisse gegen kirchliche Dogmen | Christoph Martin Wieland (1733-1813): *Geschichte des Agathon, Musarion* | Aphorismus (knapper, inhaltsreicher Gedanke mit überraschender Wendung) |

4.5   Epochenblatt Empfindsamkeit (1740–1780) und Sturm und Drang (1767–1785)

INHALTLICHE MERKMALE	HAUPTVERTRETER UND WERKE	FORMALE MERKMALE
Schwärmerei, Tyrannenhass (Empfindsamkeit) Freiheitsstreben Geniegedanke, grenzenloser Individualismus Gegen Erstarrung der Vernunftherrschaft (Rousseau: *Gefühl ist mehr als Denken*) Radikale Weiterführung des Humanitätsgedankens Ambivalenz zwischen grenzenloser Hingabe und Selbstbehauptung	Johann Gottfried Herder (1744–1803): *Journal meiner Reise im Jahre 1769* Jakob Michael Lenz (1751–1792): *Der Hofmeister oder die Vorteile der Privaterziehung* Friedrich Maximilian Klinger (1752–1831): *Sturm und Drang* Johann Wolfgang von Goethe (1749–1832): *Die Leiden des jungen Werther*, Gedichte Friedrich Schiller (1759–1805): *Die Räuber*	Briefroman Erlebnislyrik freier Rhythmus in Gedichten natürliche Prosasprache Abkehr von den aristotelischen Einheiten (zahlreiche Schauplätze, lange Handlungsdauer, Aufgabe der Ständeklausel)

4.6   Epochenblatt Klassik (1786–1805)

4.6   Epochenblatt Klassik (1786–1805)

INHALTLICHE MERKMALE	HAUPTVERTRETER UND WERKE	FORMALE MERKMALE
Ideal vollkommener Schön- heit Harmonie und Ausgewo- genheit Hoher Wert des sittlichen Handelns; Humanität und Toleranz Kosmische Ordnung als Notwendigkeit Herausstellung des Erha- benen	Johann Wolfgang Goethe (1749–1832): *Iphigenie auf* *Tauris, Faust I und II, Novelle,* *Wilhelm Meister,* Gedichte und Balladen Friedrich Schiller (1759–1805): *Über Anmut und Würde, Über* *die ästhetische Erziehung des* *Menschen* **Zwischen Klassik und** **Romantik:** Heinrich von Kleist (1777– 1811): *Der zerbrochene Krug,* *Michael Kohlhaas, Das Bettel-* *weib von Locarno, Das Erdbe-* *ben in Chili* Friedrich Hölderlin (1770– 1843): *Der Tod des Empedokles* Jean Paul (1763–1825): *Flegel-* *jahre*	Harmonie zwischen Aus- sage und Form als Ideal: Kunstballade Dinggedicht Gedankenlyrik Hymne Verwendung antiker For men und Stilmittel Entwicklungsroman Ballade Ideendrama, analytisches Drama

4.7   Epochenblatt Romantik (1795–1835)

INHALTLICHE MERKMALE	HAUPTVERTRETER UND WERKE	FORMALE MERKMALE
Dichtung zusammen mit Malerei und Musik als Teil progressiver *Universalpoe-* *sie* (Schlegel) Weg in das Innere des Men- schen (Themen: Sehnsucht, Traum, Sinnlichkeit, Kind- heit, auch Unterwegssein) Sehnsucht nach enger Ver- bindung mit der Natur	Joseph von Eichendorff (1788– 1857): Gedichte, *Aus dem Le-* *ben eines Taugenichts* E.T.A. Hoffmann (1776–1822): *Die Elixiere des Teufels* Ludwig Tieck (1773–1853): *Des* *Lebens Überfluss* Novalis (1772–1801): *Heinrich* *von Ofterdingen*	Volkslied Lyrik (Sehnsucht nach enger Verbindung mit der Natur) Fragment Kriminalgeschichte Leitmotiv

4.8   Epochenblatt Biedermeier (1815–1848)

| Wiederentdeckung der Tradition in Märchen und Volksbüchern – Verherrlichung des Mittelalters (als letzte Universalkultur) *Romantische Ironie* als Ausdruck des Widerspruchs zwischen Erstrebtem und Realem | Clemens Brentano (1778–1842) und Achim von Arnim (1781–1831): *Des Knaben Wunderhorn* Adelbert von Chamisso (1781–1838): *Peter Schlemihls wundersame Geschichte* |

4.8   Epochenblatt Biedermeier (1815–1848)

INHALTLICHE MERKMALE	HAUPTVERTRETER UND WERKE	FORMALE MERKMALE
Unpolitische Dichtung Selbstbescheidung und Mäßigung, Liebe zum Kleinen Konservative Vorstellungen Befriedigt Bedürfnis nach Ruhe und privatem Glück	Annette von Droste-Hülshoff (1797–1848): *Die Judenbuche* Adalbert Stifter (1805–1868): *Der Nachsommer* Eduard Mörike (1804–1875): *Mozart auf der Reise nach Prag*	Stimmungsbild Novelle Reisebild Dingsymbol

4.9   Epochenblatt Junges Deutschland/Vormärz (1830–1850)

INHALTLICHE MERKMALE	HAUPTVERTRETER UND WERKE	FORMALE MERKMALE
Ablehnung des Absolutismus, des Idealismus, der Klassik und Romantik Forderung nach Presse- und Meinungsfreiheit	Georg Büchner (1813–1837): *Dantons Tod, Woyzeck, Lenz* Heinrich Heine (1797–1856): *Buch der Lieder*	Flugschrift offene Dramenform

4.10 Epochenblatt Realismus (1850–1890)

INHALTLICHE MERKMALE	HAUPTVERTRETER UND WERKE	FORMALE MERKMALE
Stoffe aus der Wirklichkeit distanzierte, mitunter künstlerische Umwandlung der Wirklichkeit durch humorvolle Betrachtung und Metaphorik Thema: Beziehung des einzelnen Menschen zur Gesellschaft Mensch in Kausalkette schicksalhafter Faktoren	Theodor Fontane (1819–1898): *Effi Briest, Unwiederbringlich, Mathilde Möhring* Theodor Storm (1817–1888): *Der Schimmelreiter, Posthuma* Conrad Ferdinand Meyer (1825–1898): *Das Amulett* Friedrich Hebbel (1813–1863): *Agnes Bernauer* Gottfried Keller (1819–1890): *Kleider machen Leute* Adalbert Stifter (1805–1868) *Bergkristall, Abdias*	(Gesellschafts-)Roman Novelle

4.11 Epochenblatt Naturalismus (1880–1900)

INHALTLICHE MERKMALE	HAUPTVERTRETER UND WERKE	FORMALE MERKMALE
Naturgetreue Abbildung ohne künstlerische Stilisierung oder metaphysische Überhöhung (*Wahrheit des Lebens*) Radikale Objektivierung Arno Holz: naturalistische Kunst = Natur minus x (künstlerische Gestaltungsfähigkeit) Radikaler Determinismus und Positivismus	Gerhart Hauptmann (1862–1946): *Bahnwärter Thiel, Die Weber, Die Ratten* Arno Holz (1863–1929) und Johannes Schlaf (1862–1941): *Papa Hamlet*	Sekundenstil Zustandsdrama ausführliche Regieanweisungen naturgetreue Wiedergabe

4.12 Epochenblatt Impressionismus/Symbolismus (1890–1930)

INHALTLICHE MERKMALE	HAUPTVERTRETER UND WERKE	FORMALE MERKMALE
Wiedergabe subjektiv-sinnlicher Eindrücke Kritische Distanz zum Alltag Melancholie Suche nach dem inneren Zusammenhang zwischen den Dingen Autonome Kunst Kunst gibt Halt in sinnentleerter Welt	Arthur Schnitzler (1862–1931): *Leutnant Gustl* Stefan George (1868–1933): Gedichte Rainer Maria Rilke (1875–1926): Gedichte	lautmalerische Sprache Handlung im Hintergrund absolutes Gedicht innerer Monolog als neue Erzählperspektive im Roman Dinggedicht

4.13 Epochenblatt Expressionismus (1910–1925)

INHALTLICHE MERKMALE	HAUPTVERTRETER UND WERKE	FORMALE MERKMALE
Grunderfahrung: Entfremdung (Krieg, Stadt) Ausdruck des inneren Erlebens, Pathos, Ekstase Kunst als rein geistiger Ausdruck innerlich geschauter Wahrheit Sehnsucht nach einer besseren Welt Protest gegen Kaisertum Forderung nach einem neuen Menschen Antimilitarismus	Georg Heym (1887–1912): *Der Winter* Georg Trakl (1887–1914): Gedichte Gottfried Benn (1886–1956): *Morgue* Georg Kaiser (1878–1945): *Die Bürger von Calais*	Chiffre Bruch mit sprachlichen und allgemeinen ästhetischen Konventionen Parabel

GUDRUN BLECKEN

| WERKZEUGE IV: METHODEN DER LITERATURWISS. | 6 WERKZEUGE V: ABLAUF EINES INTER-PRETATIONSPROZESSES | 7 WERKZEUGE VI: DAS ZITAT | 8 WERKZEUGE VII: KORREKTE QUELLENANGABEN |

4.14 Epochenblatt Literatur des 20. Jahrhunderts

4.14 Epochenblatt Literatur des 20. Jahrhunderts

INHALTLICHE MERKMALE	HAUPTVERTRETER UND WERKE	FORMALE MERKMALE
Einteilung z. B. nach politischer Situation in: Weimarer Zeit, Literatur des Exils und der inneren Emigration, Nachkriegslite-ratur, Literatur in der DDR, Literatur in der BRD	Thomas Mann (1875–1955): *Buddenbrooks, Der Zauberberg, Der Tod in Venedig* Heinrich Mann (1871–1950): *Der Untertan* Alfred Döblin (1878–1957): *Berlin Alexanderplatz* Franz Kafka (1883–1924): *Das Schloss*	Experimentieren mit allen literarischen Formen, Ent-wicklung neuer Formen (episches Theater) Verfremdungseffekt Kurzgeschichte als bedeu-tende Gattung nach dem 2. Weltkrieg
Reflexion der politischen Situation in der Literatur (z. B. äußere und innere Emigration, Umgang mit der Zeit des Nationalsozi-alismus)	Heimito von Doderer (1896 – 1966): *Der Brand* Stefan Zweig (1881–1942): *Schachnovelle* Carl Zuckmayer (1896–1977): *Der Hauptmann von Köpenick*	Montagetechnik in Epik, Drama und Lyrik Groteske konkrete Poesie Dokumentartheater Autobiografie Science-fiction-Roman
Poetik des „Kahlschlags", „Trümmerliteratur"	Bertolt Brecht (1898–1956): *Der gute Mensch von Sezuan, Leben des Galilei*	
Literarische Neuorientie-rung durch die Gruppe 47 (Richter, Andersch, Bach-mann, Böll, Celan, Grass u. a.)	Werner Bergengruen (1892–1964): *Der Großtyrann und das Gericht* Wolfgang Borchert (1921–1947): *Draußen vor der Tür* Paul Celan (1920–1970): *Mohn und Gedächtnis*	
Trennung von Politik und Literatur in den 50er-Jahren Politisierung in den 60er-Jahren	Max Frisch (1911–1991): *Stiller, Homo faber* Günter Grass (1927–2015): *Die Blechtrommel*	
„Neue Subjektivität" in den 70er- und 80er-Jahren Postmoderne in den 90er-Jahren	Reiner Kunze (geb. 1933): *Die wunderbaren Jahre* Jurek Becker (1937–1997): *Bronsteins Kinder* Ingeborg Drewitz (1923–1986): *Gestern war Heute* Patrick Süskind (geb. 1949): *Das Parfum*	

5.   Werkzeuge IV: Überblick über die Methoden der Literaturwissenschaft

5   Werkzeuge IV: Überblick über die Methoden der Literaturwissenschaft[2]

Der Literaturwissenschaftler Jochen Vogt bezieht sich auf ein Schema, mit dem sein Kollege Harald Fricke die verschiedenen literaturwissenschaftlichen Methoden im Rahmen eines Kommunikationsmodells darzustellen versucht. In Anlehnung an dieses Modell werden die verschiedenen Ansätze folgendermaßen dargestellt. Die Zuordnung eines bestimmten Ansatzes weist auf dessen Hauptzielrichtung hin.

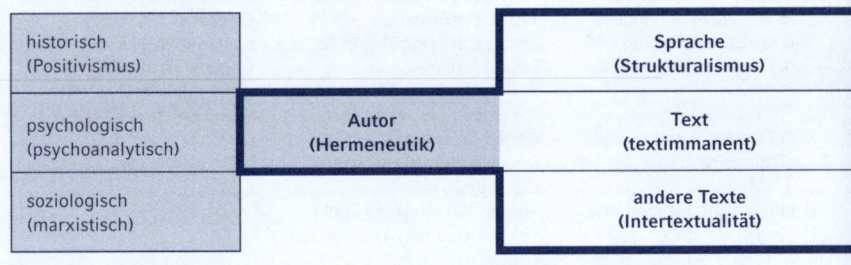

Textimmanente oder werkimmanente Ansätze sind ausschließlich darauf bezogen, einen Text aus sich selbst heraus zu verstehen; Struktur- und Stiluntersuchungen gehören zu diesem Ansatz genauso wie Charakterisierungen oder die Analyse von gestalterischen Elementen.

Strukturalistische Ansätze gehen der Frage nach, wie sich die Sprache eines literarischen Textes in ihrer Andersartigkeit von der Alltagssprache beschreiben lässt und welche linguistischen Elemente für die Sinnentstehung verantwortlich zu machen sind. Dagegen fragen intertextuelle Ansätze danach, wo sich Spuren anderer Texte in einem literarischen Text nachweisen lassen; solche Spuren

———

2   Vgl. Vogt, Jochen: *Einladung zur Literaturwissenschaft*. 4., aktualisierte Aufl., München: Fink, 2004, S. 198 ff.

5. Werkzeuge IV: Überblick über die Methoden der Literaturwissenschaft

können beispielsweise direkte oder sinngemäße Zitate sein, auch parodistische oder travestiehafte Assoziationen könnten auf andere Texte hinweisen.

Richtet sich der Blick eher auf den **Autor** oder den **Leser**, dann entfernt sich der Interpret zunächst von dem, was sich allein aus dem Text selbst ermitteln lässt. Die traditionelle **hermeneutische Konzeption** geht der Frage nach, welche Autor-Intention sich hinter einem Text vermuten lasse. Bei der Erschließung dieser Intention wird auf Erkenntnisse zurückgegriffen, die zum Beispiel aus der **historisch nachweisbaren Biografie** des Autors oder zum Beispiel aus **marxistisch orientierten Gesellschaftsanalysen** stammen. Eher hypothetischer Natur,

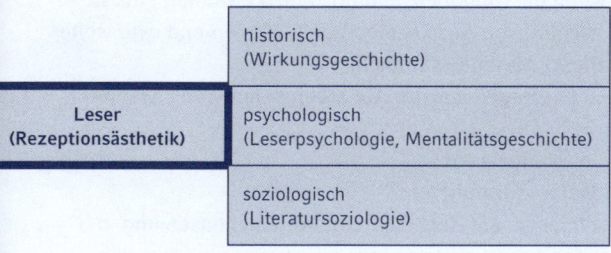

Leser (Rezeptionsästhetik)	historisch (Wirkungsgeschichte)
	psychologisch (Leserpsychologie, Mentalitätsgeschichte)
	soziologisch (Literatursoziologie)

aber nichtsdestoweniger reizvoll sind solche Ansätze, die auf der Basis **psychoanalytischer Forschung** nach Hinweisen auf die Psyche des Autors suchen und diese zur Erklärung des literarischen Werkes heranziehen.

Richtet sich das Interesse eher auf den Leser, so wäre im Rahmen einer **rezeptionsästhetisch** angelegten Fragestellung danach zu forschen, wie sich der Textsinn im individuellen Rezeptionsprozess konstruiert. Eine eher diachrone Perspektive wird eingenommen, wenn nach der historischen Entwicklung solcher verschiedener Rezeptionsweisen in der **Wirkungsgeschichte** eines Textes gefragt wird. Daneben spielen die Produktionsbedingungen für Literatur (**Literatursoziologie**), aber auch die Lebensbedingungen der einzelnen Leser eine Rolle – letztere sind Fragestellungen der **Mentalitätsgeschichte**.

6. Werkzeuge V: Der mögliche Ablauf eines (schriftlichen) Interpretationsprozesses

6 Werkzeuge V: Der mögliche Ablauf eines (schriftlichen) Interpretationsprozesses

1. Text mehrmals genau lesen, unbekannte Wörter klären.
2. Thema des Textes in einem Satz oder in zwei Sätzen zusammenfassen.
3. Literarische Gattung bestimmen.
4. Text in Handlungs- und Sinnabschnitte einteilen, Überschriften finden und einzelne Abschnitte kurz zusammenfassen, dabei direkte Rede in indirekte Rede umformen.
5. Geeignete Leitfragen für die textimmanente Interpretation eines epischen Textes formulieren, wenn die Aufgabenstellung keine Leitfragen enthält. Oder: Literaturwissenschaftliche Analysemethode festlegen und evtl. weitere Informationen zu dieser Methode sammeln.
6. Stoffsammlung zu den Leitfragen aus der Aufgabenstellung aus Arbeitsschritt 5 erstellen.
7. Gliederung des Aufsatzes entwerfen.
8. Ausarbeitung des Aufsatzes formulieren.
9. Aufsatz nochmals durchlesen, auf Rechtschreibung, Zeichensetzung und gute Verständlichkeit des Ausdrucks achten.

7. Werkzeuge VI: Das Zitat

7 Werkzeuge VI: Das Zitat

Die schriftliche Interpretation von literarischen Texten kommt nicht ohne geeignete Zitate aus, die die aufgestellten Thesen belegen. Für das korrekte Zitieren müssen bestimmte Regeln eingehalten werden.

Zitierregeln:

1. Das Zitat muss inhaltlich passen.
2. Das Zitat muss vollständig sein und genau dem Wortlaut entsprechen.
3. Das Zitat immer mit Belegstelle angeben.
4. Das Zitat darf nicht ohne Erläuterung für sich allein stehen.
5. Das Zitat muss syntaktisch passen.
6. Zitate nur spärlich verwenden, häufig genügt auch der Vergleichshinweis („vergleiche Zeile 5" lautet abgekürzt: „vgl. Z. 5").
7. Auslassungen werden mit „[...]" gekennzeichnet.
8. Hinzufügungen werden in eckige Klammern gesetzt.
9. Direkte Zitate müssen immer zwischen Anführungs- und Schlusszeichen stehen.
10. Lyrische Texte werden als Verse (V.) zitiert; epische Texte und Sachtexte als Zeilen (Z.) bzw. Seiten (S.), falls kein Zeilenzähler vorhanden.

8. Werkzeuge VII: Die korrekte Quellenangabe

8 Werkzeuge VII: Die korrekte Quellenangabe

Bei Zitaten muss immer die Quelle angegeben werden. Während es bei Zitaten aus dem zu interpretierenden Werk genügt, die Seite bzw. Zeile oder den Vers anzugeben und das Werk im Literaturverzeichnis (und idealerweise in der Einleitung) als zitierte Ausgabe aufzuführen, werden Zitate aus der Sekundärliteratur in der Regel in Fuß- oder Endnoten belegt. Die zitierte Sekundärliteratur wird dann ebenfalls in einem Literaturverzeichnis aufgeführt.

Häufig benutzte Quellenarten zeigen wir hier an Beispielen auf. **Vorsicht: Manche Lehrer und Professoren bevorzugen etwas andere Angaben – besser vorher nachfragen**!

Grundsätzlich gilt:

→ Autorenangabe: *Nachname, Vorname*
→ Höchstens drei Autoren nennen. Gibt es mehr, schreibt man u. a. („und andere"): *Autor 1; Autor 2; Autor 3 u. a.*
→ Titelangabe: *Titel. Untertitel*
→ Angabe des Erscheinungsorts und -jahrs
→ Verlagsangaben sind nicht zwingend notwendig, aber nicht falsch.
→ Am Ende steht immer ein Punkt, vor Seitenangaben immer ein Komma.
→ Wird auf zwei Seiten verwiesen, steht ein „f." (für „folgende") hinter der Seitenzahl, bei mehr Seiten ein „ff."

GUDRUN BLECKEN

Bücher:
Wird erstmals aus einem Werk zitiert, sollte in der Fußnote ein „Vollbeleg" verwendet werden, danach genügt der „Kurzbeleg".
Vollbeleg
Autor(en): Titel. Untertitel. X. Aufl., Ort Jahr, Seite.
Beispiel: Vogt, Jochen: Einladung zur Literaturwissenschaft. 4., aktualisierte Aufl., München 2004, S. 124.
Mit Verlagsangabe: *Autor(en): Titel. Untertitel. X. Aufl., Ort: Verlag, Jahr, Seite.*
Beispiel: Vogt, Jochen: Einladung zur Literaturwissenschaft. 4., aktualisierte Aufl., München: Fink, 2004, S. 124.
Kurzbeleg
Nachname des Autors: Kurztitel, [evtl. Jahr], Seite.
Beispiel: Vogt: Einladung, S. 10 f.

Reihentitel:
Autor(en): Titel. X. Aufl., Ort Jahr, Seite (= Reihe, Band XX).
Beispiel: Möbius, Thomas: Sophokles, Antigone. 4. Aufl., Hollfeld 2015, S. 101 ff. (= Königs Erläuterungen und Materialien, 41).

Fachzeitschriften:
Autor(en): Titel. In: Zeitschrift, Jahrgang Erscheinungsjahr, Heftnummer, Seite.
Beispiel: Lange, Kerstin: Abitur in Deutschland. In: Bildung, 44. Jg. 2015, Heft 3, S. 271.

Sammelwerke:
(Werke mit Beiträgen mehrerer Autoren; mit Herausgeber)
Autor(en): Titel. In: Herausgeber (Hrsg.): Titel. X. Band, X. Aufl., Ort Jahr, Seite.
Beispiel: Will, Andrea: Das Abitur wird schwieriger. In: Meier, Holger (Hrsg.): Neue Wege zum Abitur. 7. Band, 2. Aufl., Köln 2016, S. 445 f.

Unveröffentlichte Schriften:
(Bachelor- und Masterarbeiten, Dissertationen, Aufsätze, Notizen usw.)
Autor(en): Titel. Typ, Ort Jahr, Seite.
Beispiel: Appel, Thomas: Wie ein Buch entsteht. Unveröffentlichte Bachelorarbeit, Bamberg 2013, S. 67.

Presse:
Autor(en) bzw. ohne Verfasser (o. V.): Titel. In: Zeitung, Nummer vom Datum, Seite.
Beispiel: o. V.: Notebook-Klassen. In: Fränkischer Tag, Nr. 120 vom 26. 05. 2014, S. 31.

Internet:
Autor(en): Titel. Erscheinungstag. URL: Internet-Adresse. Stand: Abrufdatum. (Jeweils falls vorhanden.)
Beispiel: Blecken, Gudrun: Wie interpretiere ich? URL: http://www.bange-verlag.de. Stand: 14. 03. 2016.

EXKURS: RHETORIK/REDE

Als am feinsten ausgestaltete Form der rhetorisch ausgestalteten Kommunikation und vermutlich einzig prüfungsrelevante Textsorte darf die Rede gelten. Ausgangspunkt einer jeden Redeanalyse muss die Klärung der Redesituation sein, also die Beantwortung der Fragen: Warum spricht wer worüber wo zu wem und wie sieht der sozio-kulturelle und historisch-politische Hintergrund dieser Rede aus?

Unter Berücksichtigung der Redesituation und des Redeziels unterscheidet man drei Redearten:

Übersicht: Redearten

Festrede (genus demonstrativum)	ausdrucksorientiert: Im emotionalen Einvernehmen zwischen Redner und Publikum wird einer Person, einer Sache, einem Anlass feierlich gedacht.
Entscheidungsrede (genus deliberativum)	handlungsorientiert: politische Rede: Mit allen zur Verfügung stehenden Mitteln wird etwas empfohlen oder abgelehnt.
Gerichtsrede (genus judiciale)	thematisch orientiert: Anklage oder Verteidigung: Es wird nur ein Aspekt, pro oder contra, berücksichtigt.

Von diesen drei Redegattungen ist die politische Rede sicherlich die interessanteste, weil komplexeste. Hier sind alle Redestrategien gefordert.

Exkurs: Rhetorik/Rede

Übersicht: Redestrategien

Aufwertung	– Verwendung von positiv besetzten, dynamisch wirkenden Wörtern und Begriffen (Leitwörter, Hochwertwörter) – Hervorhebung, Lob und Anerkennung der Wir-Gruppe – positive Verallgemeinerungen und Betonung positiver Teilaspekte – Verwendung von gängigen Formulierungen (Schlagwörter) – Verweis auf gleichgesinnte Autoritäten
Beschwichtigung	– Herunterspielen, Ausklammern, Tabuisieren unangenehmer Probleme – Notwendigkeit und Zwanghaftigkeit des eigenen Vorgehens betonen – Appelle an die Verantwortungsgemeinschaft
Verschleierung	– Verwendung bewusstseinslenkender Begriffe – Sprachlenkung: ideologische Umbenennungen – Verwendung von Wörtern, deren Inhalt unklar ist (Leerwörter)
Abwertung	– Tadel, Kritik, Verunglimpfung der Gegner auch durch Unterstellungen – Hervorhebung von behaupteten Schwächen, Fehlern und Vergehen der Gegner – Aufspaltung des Gegners: Unterteilung in Gute und Schlechte, Behauptung gravierender Meinungsverschiedenheiten – Verwendung von negativ besetzten, hinfällig wirkenden, lächerlich machenden Wörtern und Begriffen

GUDRUN BLECKEN

Exkurs: Rhetorik/Rede

Dramatisierung	– emotional aufwühlendes, Angst und Befürchtungen schürendes, schicksalsträchtiges Vokabular – maßlose Übertreibungen (gern bei Zahlenwerten und Problemen)

Da die politische Rede versucht, mehr mit Sprachmitteln zu überreden als durch Argumente zu überzeugen, greift sie gern auf das Arsenal der Rhetorik zurück.

Die reine Feststellung des Vorhandenseins rhetorischer Figuren ist jedoch ebenso wertlos wie die Angabe, wie häufig ein bestimmter Buchstabe in einem Text vorkommt. Entscheidend ist, welche Funktion das jeweilige rhetorische Mittel erfüllt. Deshalb ist die nachfolgende Übersicht so geordnet, dass sie sowohl angibt, welchem sprachlichen Aspekt das jeweilige rhetorische Mittel zugeordnet werden muss, als auch benennt, welche Funktion es normalerweise in diesem Rahmen erfüllt.

Übersicht: Rhetorische Figuren

Figur	Beispiel	Definition	Funktion: phonologisch
Alliteration	*wie wundersam das Wolkenwort gewählt*	Silben: auffällige Wiederholung gleicher Konsonanten in betonten Silben	*Intensivierung*
Assonanz	*Am Anfang war alles wahr.*	auffällige Wiederholung gleicher Vokale in betonten Silben	*Intensivierung*

Exkurs: Rhetorik/Rede

Emphase	*Ein M a n n steht vor dir.*	besondere Betonung eines Wortes	*Intensivierung*
Paronomasie	*Eile mit Weile*	Wortspiel durch Verbindung klangähnlicher Wörter	*Intensivierung*
Figur	**Beispiel**	**Definition**	**Funktion: semantisch**
Anadiplose	*Das Leben braucht Versöhnung. Versöhnung darf nicht …*	Ein Satz beginnt mit dem/den letzten Wort/Wörtern des vorherigen Satzes.	*Betonung*
Antithese	*Der Wahn ist kurz, die Reu' ist lang.*	Entgegenstellung von Begriffen und Gedanken	*Pointierung*
Hendiadyoin	*Hilfe und Beistand*	inhaltlich identische Substantive	*Betonung*
Neologismus	*Knabenmorgenblütenträume*	Wortneuschöpfung	*Anschaulichkeit*
Oxymoron	*schweigend im Gespräch vertieft; bittere Süße*	zwei sich widersprechende Vorstellungen	*Humor; innere Spannung*
Pleonasmus	*weißer Schimmel*	Wiederholung eines charakteristischen Merkmals des Bezugswortes	*Überbetonung*

Exkurs: Rhetorik/Rede

Figur	Beispiel	Definition	Funktion: syntaktisch
Synästhesie	*das warme Braun ihrer Stimme*	Verbindung unterschiedlicher Sinneseindrücke	*Intensivierung*
Tautologie	*immer und ewig Persil bleibt Persil.*	inhaltlich identische Adjektive oder Satzaussage	*Betonung*
Zwillingsformel	*Mann und Maus, Kind und Kegel, Tod und Teufel*	zwei meist antithetische Begriffe, gern mit Alliteration	*Anschaulichkeit Betonung*
Figur	**Beispiel**	**Definition**	**Funktion: syntaktisch**
Akkumulation	*Vieh, Menschen, Stadt und Felder (Welt)*	Aufzählung zu einem Oberbegriff	*Ausschmückung*
Anapher	*Das Wasser rauscht / das Wasser schwoll*	Wortwiederholung am Satz- oder Versanfang	*Betonung*
Asyndeton	*Alles rennet, rettet, flüchtet.*	Reihung von Satzteilen ohne Konjunktion	*Dynamisierung*
Chiasmus	*Die Kunst ist lang und kurz ist unser Leben.*	symmetrische Überkreuzstellung einander entsprechender Satzglieder	*Pointierung*

Exkurs: Rhetorik/Rede

Correctio	*Er ist schlau, ja sogar verschlagen.*	Korrektur eines zu schwachen Ausdrucks	*Pointierung*
Ellipse	*Je früher, desto besser.*	unvollständiger Satz	*Hast, Unruhe*
Epipher	*Doch alle Lust will Ewigkeit, will tiefe, tiefe Ewigkeit.*	Wortwiederholung am Satz- oder Versende	*Betonung*
Hyperbaton	*Es ist der Liebe milde Zeit.*	abweichende Satzstellung **(Inversion)**	*Betonung*
Klimax	*Ich kam, sah und siegte.*	Dreigliedrige Steigerung; umgekehrte Abschwächung: **Antiklimax**	*Pointierung*
Parallelismus	*Heiß ist die Liebe, kalt ist der Schnee.*	Wiederholung gleicher Syntax- abfolge	*Pointierung*
Polysyndeton	*und läuft und läuft und läuft*	unnötige Ver- bindung von Satzteilen durch Konjunktionen	*Betonung*
rhetorische Frage	*Sind wir nicht alle Menschen?*	Scheinfrage, die keine Antwort erwartet	*Nachdrücklichkeit*

GUDRUN BLECKEN

Exkurs: Rhetorik/Rede

Zeugma	Ich heiße Peter und Sie herzlich willkommen.	überraschende Zuordnung eines Prädikats zu unterschiedlichen Objekten	Humor
Figur	**Beispiel**	**Definition**	**Funktion: pragmatisch**
Allegorie	Justitia = Gerechtigkeit	konkrete bildhafte Darstellung eines abstrakten Begriffes	Bildlichkeit
Apostrophe	Augen, verhüllt euch!	pathetische Anrede	Emotionalisierung
Euphemismus	Entsorgungspark = Mülldeponie	Beschönigung	Beschwichtigung
Hyperbel	Schneckentempo, Meer von Tränen	Übertreibung	Dramatisierung
Ironie	Du bist mir ein schöner Freund!	unwahre Behauptung zur Kennzeichnung des Gegenteils	Pointierung
Litotes	gar nicht so hässlich = recht hübsch	behutsame Bejahung durch doppelte Verneinung	Schonung oder Betonung
Metapher	Königin der Herzen	Vergleich ohne wie	Bildlichkeit

Exkurs: Rhetorik/Rede

Metonymie	*den ganzen Goethe lesen; ein Gläschen trinken; das Weiße Haus sagt*	Ersatz eines Wortes durch eines, das zu ihm in unmittelbarer Beziehung steht	*Anschaulichkeit*
Paradoxon	*Das Leben ist der Tod, und der Tod ist das Leben.*	Scheinwiderspruch	*Pointierung*
Periphrase	*Auge des Gesetzes = Polizei*	Umschreibung	*Bildlichkeit*
Personifikation	*Mutter Natur*	Vermenschlichung	*Anschaulichkeit*
Symbol	*Kreuz = christlicher Glaube Schwert = Krieg, Kampf*	vereinbartes konkretes Sinnbild für etwas Abstraktes	*Bildlichkeit*
Synekdoche	*Gemeinschaft von Tisch und Bett = Ehe*	ein Teil steht für das Ganze (pars pro toto)	*Anschaulichkeit*
Vergleich	*steif wie ein Stockfisch*	Verknüpfung zweier Begriffe mit wie	*Bildlichkeit*

GUDRUN BLECKEN

5 WERKZEUGE IV:
METHODEN DER
LITERATURWISS.

6 WERKZEUGE V:
ABLAUF EINES INTER-
PRETATIONSPROZESSES

7 WERKZEUGE VI:
DAS ZITAT

8 WERKZEUGE VII:
KORREKTE
QUELLENANGABEN

Literaturverzeichnis

Burdorf, Dieter (Hrsg.): *Metzler-Lexikon Literatur: Begriffe und Definitionen.* Begr. von Günther Schweikle und Irmgard Schweikle. 3., völlig neu bearb. Aufl., Stuttgart; Weimar: Metzler, 2007.

Frank, Sigrid; Möbius, Thomas: *ABC der lyrischen, epischen und dramatischen Grundbegriffe.* 3. Aufl., Hollfeld: Bange, 2007.

Frenzel, Herbert A.; Frenzel, Elisabeth: *Daten deutscher Dichtung. Chronologischer Abriss der deutschen Literaturgeschichte.* CD-ROM. Berlin: Directmedia Publ., 2008.

Nünning, Ansgar (Hrsg.): *Metzler-Lexikon Literatur- und Kulturtheorie: Ansätze – Personen – Grundbegriffe.* 5., aktualisierte und erw. Aufl., Stuttgart; Weimar: Metzler, 2013.

Vogt, Jochen: *Einladung zur Literaturwissenschaft.* 4., aktualisierte Aufl., München: Fink, 2004.

Wilpert, Gero von: *Sachwörterbuch der Literatur.* Sonderausgabe der 8., verb. und erw. Aufl., Stuttgart: Kröner, 2013.

TEIL 2: WO IST WAS INTERPRETIERT?
VERZEICHNIS ALLER IM BANGE VERLAG LIEFERBAREN INTERPRETATIONEN*

AUTOR	TITEL	INTERPRETIERT IN ...	ISBN 978-3-8044-	AUCH ALS E-BOOK	NUR ALS E-BOOK
Adiga, Aravind	The White Tiger	Königs Erläuterungen Bd. 486	2004-5	✔	
Aichinger, Ilse	Das Fenster-Theater	Beliebte Kurzgeschichten interpretiert (mit Texten)	1205-7		
Aichinger, Ilse	Wo ich wohne	Wie interpretiere ich Fabeln, Parabeln und Kurzgeschichten? Aufgaben und Musterinterpretationen (mit Texten)	1575-1		
Alexie, Sherman	The Absolutely True Diary of a Part-Time Indian	Königs Erläuterungen Spezial	3125-6	✔	
Allende, Isabel	Das Geisterhaus	Königs Erläuterungen Bd. 396	5663-1		✔
Andersch, Alfred	Sansibar oder Der letzte Grund	Königs Erläuterungen Bd. 420	1988-9	✔	
Anouilh, Jean	Antigone	Antigone. Ein Mythos und seine Bearbeitungen	3041-9	✔	
Anouilh, Jean	Antigone	Königs Erläuterungen Bd. 388	5706-5	✔	
Arntzen, Helmut	Der Wolf kam zum Bach	Wie interpretiere ich Fabeln, Parabeln und Kurzgeschichten? Aufgaben und Musterinterpretationen (mit Texten)	1575-1		
Arp, Hans	Opus Null	So interpretiere ich Gedichte!	1206-4		
Artmann, Hans Carl	ein django der muss haben	Lyrik der Gegenwart	3038-9		
Äsop	Das Lamm und der Wolf	Wie interpretiere ich Fabeln, Parabeln und Kurzgeschichten? Aufgaben und Musterinterpretationen (mit Texten)	1575-1		
Ausländer, Rose	Blatt	Wie interpretiere ich Lyrik? Aufgaben und Musterinterpretationen. Band 2 Realismus bis Postmoderne (mit Texten)			✔
Ausländer, Rose	Blatt	Lyrik des Exils	3036-5		
Ausländer, Rose	Blatt II	Lyrik der Gegenwart	3038-9		
Ausländer, Rose	Blatt II	Naturlyrik vom Mittelalter bis zur Gegenwart	3031-0		
Ausländer, Rose	Bruder im Exil	Lyrik des Exils	3036-5		
Auster, Paul	Mond über Manhattan – (in deutscher Sprache)	Königs Erläuterungen Bd. 458	5860-4		✔

— — —

* Stand: Januar 2020

AUTOR	TITEL	INTERPRETIERT IN ...	ISBN 978-3-8044-	AUCH ALS E-BOOK	NUR ALS E-BOOK
Auster, Paul	Moon Palace (in englischer Sprache)	Königs Erläuterungen Bd. 482	5887-1		✔
Bachmann, Ingeborg	Die gestundete Zeit	Beliebte Gedichte interpretiert (mit Texten)	1204-0		
Bachmann, Ingeborg	Die gestundete Zeit	Deutsche Liebeslyrik vom Barock bis zur Gegenwart	3034-1		
Bachmann, Ingeborg	Die gestundete Zeit	Lyrik der Nachkriegszeit	3133-1		
Bachmann, Ingeborg	Dunkles zu sagen	Musterklausuren I (Interpretationen)			
Bachmann, Ingeborg	Entfremdung	Lyrik der Romantik	3032-7		
Bachmann, Ingeborg	Entfremdung	Naturlyrik vom Mittelalter bis zur Gegenwart	3031-0		
Bachmann, Ingeborg	Erklär mir, Liebe	Deutsche Liebeslyrik vom Barock bis zur Gegenwart	3034-1		
Bachmann, Ingeborg	Nebelland	Beliebte Balladen interpretiert (mit Texten)	1213-2	✔	
Bachmann, Ingeborg	Undine geht	Beliebte Erzählungen und Novellen interpretiert (mit Texten auf CD)			
Bauer, Michael Gerard	Running Man	König Erläuterungen Spezial	3095-2	✔	
Bauersima, Igor	norway.today	Königs Erläuterungen Bd. 496	2030-4	✔	
Becher, Johannes R.	An Berlin	Lyrik des Expressionismus	3033-4		
Becker, Jurek	Bronsteins Kinder	Königs Erläuterungen Bd. 434	5820-8		✔
Becker, Jurek	Jakob der Lügner	Königs Erläuterungen Bd. 407	1975-9	✔	
Becker, Jürgen	Gedicht, sehr früh	Lyrik der Gegenwart	3038-9		
Becker, Jürgen	Gedicht, sehr früh	Naturlyrik vom Mittelalter bis zur Gegenwart	3031-0		
Beckett, Samuel	Warten auf Godot	Königs Erläuterungen Bd. 206	5770-6		✔
Bender, Hans	Die Wölfe kommen zurück	Beliebte Kurzgeschichten interpretiert (mit Texten)	1205-7		
Benn, Gottfried	Astern	Benn. Das lyrische Schaffen	3055-6		
Benn, Gottfried	Chaos	Benn. Das lyrische Schaffen	3055-6		
Benn, Gottfried	Curettage	Benn. Das lyrische Schaffen	3055-6		
Benn, Gottfried	Drohungen	Benn. Das lyrische Schaffen	3055-6		
Benn, Gottfried	Ein Wort	Benn. Das lyrische Schaffen	3055-6		

Benn bis Bjerg

AUTOR	TITEL	INTERPRETIERT IN ...	ISBN 978-3-8044-	AUCH ALS E-BOOK	NUR ALS E-BOOK
Benn, Gottfried	Gefilde der Unseligen	Benn. Das lyrische Schaffen	3055-6		
Benn, Gottfried	Kleine Aster	Beliebte Gedichte interpretiert (mit Texten)	1204-0		
Benn, Gottfried	Kleine Aster	Benn. Das lyrische Schaffen	3055-6		
Benn, Gottfried	Liebe	Deutsche Liebeslyrik vom Barock bis zur Gegenwart	3034-1		
Benn, Gottfried	Mann und Frau gehn durch die Krebsbaracke	Benn. Das lyrische Schaffen	3055-6		
Benn, Gottfried	Menschen getroffen	Benn. Das lyrische Schaffen	3055-6		
Benn, Gottfried	Reisen	Lyrik der Nachkriegszeit	3133-1		
Benn, Gottfried	Saal der kreißenden Frauen	Benn. Das lyrische Schaffen	3055-6		
Benn, Gottfried	Schöne Jugend	Benn. Das lyrische Schaffen	3055-6		
Benn, Gottfried	Welle der Nacht	Benn. Das lyrische Schaffen	3055-6		
Bernhard, Thomas	Der Anstreicher	Wie interpretiere ich Fabeln, Parabeln und Kurzgeschichten? Aufgaben und Musterinterpretationen (mit Texten)	1575-1		
Bernhard, Thomas	Umgekehrt	Beliebte Kurzgeschichten interpretiert (mit Texten)	1205-7		
Bichsel, Peter	Das Kartenspiel	Wie interpretiere ich Fabeln, Parabeln und Kurzgeschichten? Aufgaben und Musterinterpretationen (mit Texten)	1575-1		
Bichsel, Peter	Die Tochter	Beliebte Kurzgeschichten interpretiert (mit Texten)	1205-7		
Bichsel, Peter	San Salvador	Wie interpretiere ich Fabeln, Parabeln und Kurzgeschichten? Basiswissen (mit Texten)			✔
Bichsel, Peter	Vom Meer	Wie interpretiere ich Fabeln, Parabeln und Kurzgeschichten? Aufgaben und Musterinterpretationen (mit Texten)	1575-1		
Bierbaum, Otto Julius	Traum durch die Dämmerung	Naturlyrik vom Mittelalter bis zur Gegenwart	3031-0		
Bierbaum, Otto Julius	Traum durch die Dämmerung	Deutsche Liebeslyrik vom Barock bis zur Gegenwart	3034-1		
Bierbaum, Otto Julius	Traum durch die Dämmerung	Lyrik der Jahrhundertwende	5029-5		✔
Biermann, Wolf	Und als wir ans Ufer kamen	Lyrik der Gegenwart	3038-9		
Biermann, Wolf	Und als wir ans Ufer kamen	Naturlyrik vom Mittelalter bis zur Gegenwart	3031-0		
Bjerg, Bov	Auerhaus	Königs Erläuterungen Bd. 337	2038-0	✔	

AUTOR	TITEL	INTERPRETIERT IN ...	ISBN 978-3-8044-	AUCH ALS E-BOOK	NUR ALS E-BOOK
Bobrowski, Johannes	Mäusefest	Wie interpretiere ich Fabeln, Parabeln und Kurzgeschichten? Aufgaben und Musterinterpretationen (mit Texten)	1575-1		
Bobrowski, Johannes	Wiederkehr	Lyrik der Nachkriegszeit	3133-1		
Böll, Heinrich	Ansichten eines Clowns	Königs Erläuterungen Bd. 301	1758-8	✔	
Böll, Heinrich	Billard um halb zehn	Königs Erläuterungen Bd. 397	5664-8		✔
Böll, Heinrich	Die verlorene Ehre der Katharina Blum	Königs Erläuterungen Bd. 308	1925-4	✔	
Böll, Heinrich	Die Waage der Baleks	Wie interpretiere ich Novellen und Romane? Anleitung mit Übungen (mit Texten)			✔
Böll, Heinrich	Wanderer, kommst du nach Spa...	Beliebte Kurzgeschichten interpretiert (mit Texten)	1205-7		
Borchert, Wolfgang	Das Brot	Beliebte Kurzgeschichten interpretiert (mit Texten)	1205-7		
Borchert, Wolfgang	Draußen vor der Tür	Königs Erläuterungen Bd. 299	1964-3	✔	
Borchert, Wolfgang	Mein bleicher Bruder	Wie interpretiere ich Fabeln, Parabeln und Kurzgeschichten? Aufgaben und Musterinterpretationen (mit Texten)	1575-1		
Borchert, Wolfgang	Nachts schlafen die Ratten doch	Wie interpretiere ich Fabeln, Parabeln und Kurzgeschichten? Anleitung mit Übungen (mit Texten)			✔
Borchert, Wolfgang	Radi	Wie interpretiere ich Fabeln, Parabeln und Kurzgeschichten? Aufgaben und Musterinterpretationen (mit Texten)	1575-1		
Born, Nicolas	Drei Wünsche	Deutsche Liebeslyrik vom Barock bis zur Gegenwart	3034-1		
Born, Nicolas	Drei Wünsche	Lyrik der Gegenwart	3038-9		
Boyle, T. C.	The Tortilla Curtain	Königs Erläuterungen Bd. 452	2040-3	✔	
Bradbury, Ray	Fahrenheit 451	Königs Erläuterungen Spezial	3135-5	✔	
Brecht, Bertolt	An die Nachgeborenen	Beliebte Gedichte interpretiert (mit Texten)	1204-0		
Brecht, Bertolt	An die Nachgeborenen	Brecht. Das lyrische Schaffen	3060-0		
Brecht, Bertolt	An die Nachgeborenen	Lyrik der Nachkriegszeit	3133-1		
Brecht, Bertolt	Das Lied vom Rauch	Wie interpretiere ich Lyrik? Aufgaben und Musterinterpretationen. Band 2 Realismus bis Postmoderne (mit Texten)			✔
Brecht, Bertolt	Der aufhaltsame Aufstieg des Arturo Ui	Königs Erläuterungen Bd. 398	5667-9		✔
Brecht, Bertolt	Der Blumengarten	Brecht. Das lyrische Schaffen	3060-0		

Brecht

AUTOR	TITEL	INTERPRETIERT IN ...	ISBN 978-3-8044-	AUCH ALS E-BOOK	NUR ALS E-BOOK
Brecht, Bertolt	Der gute Mensch von Sezuan	Königs Erläuterungen Bd. 186	1962-9	✔	
Brecht, Bertolt	Der kaukasische Kreidekreis	Königs Erläuterungen Bd. 277	5781-2		✔
Brecht, Bertolt	Der liebe Gott sieht alles. (Was ein Kind gesagt bekommt)	Brecht. Das lyrische Schaffen	3060-0		
Brecht, Bertolt	Der Radwechsel	Brecht. Das lyrische Schaffen	3060-0		
Brecht, Bertolt	Der Rauch	Brecht. Das lyrische Schaffen	3060-0		
Brecht, Bertolt	Die Antigone des Sophokles	Antigone. Ein Mythos und seine Bearbeitungen	3041-9		
Brecht, Bertolt	Die Dreigroschenoper	Königs Erläuterungen Bd. 333	2036-6	✔	
Brecht, Bertolt	Die heilige Johanna der Schlachthöfe	Königs Erläuterungen Bd. 187	2026-7	✔	
Brecht, Bertolt	Die Liebenden	Wie interpretiere ich Lyrik? Basiswissen (mit Texten)	5448-1		✔
Brecht, Bertolt	Die Pappel vom Karlsplatz	Brecht. Das lyrische Schaffen	3060-0		
Brecht, Bertolt	Entdeckung an einer jungen Frau	Deutsche Liebeslyrik vom Barock bis zur Gegenwart	3034-1		
Brecht, Bertolt	Erinnerung an die Marie A.	Brecht. Das lyrische Schaffen	3060-0		
Brecht, Bertolt	Finnische Landschaft	Naturlyrik vom Mittelalter bis zur Gegenwart	3031-0		
Brecht, Bertolt	Fragen eines lesenden Arbeiters	Brecht. Das lyrische Schaffen	3060-0		
Brecht, Bertolt	Geschichten von Herrn Keuner (Das Wiedersehen, Maßnahmen gegen die Gewalt)	Wie interpretiere ich Fabeln, Parabeln und Kurzgeschichten? Basiswissen (mit Texten)			✔
Brecht, Bertolt	Kinderhymne	Brecht. Das lyrische Schaffen	3060-0		
Brecht, Bertolt	Kinderhymne	Lyrik der Nachkriegszeit	3133-1		
Brecht, Bertolt	Leben des Galilei	Königs Erläuterungen Bd. 293	1905-6	✔	
Brecht, Bertolt	Legende vom toten Soldaten	Brecht. Das lyrische Schaffen	3060-0		
Brecht, Bertolt	Liebeslied	Brecht. Das lyrische Schaffen	3060-0		
Brecht, Bertolt	Maßnahmen gegen die Gewalt	Wie interpretiere ich Fabeln, Parabeln und Kurzgeschichten? Aufgaben und Musterinterpretationen (mit Texten)	1575-1		
Brecht, Bertolt	Mutter Courage und ihre Kinder	Königs Erläuterungen Bd. 318	1924-7	✔	

AUTOR	TITEL	INTERPRETIERT IN ...	ISBN 978-3-8044-	AUCH ALS E-BOOK	NUR ALS E-BOOK
Brecht, Bertolt	O Falladah, die du hangest	Beliebte Balladen interpretiert (mit Texten)	1213-2		
Brecht, Bertolt	Schlechte Zeit für Lyrik	Lyrik des Exils	3036-5		
Brecht, Bertolt	Sonett Nr. 19	Deutsche Liebeslyrik vom Barock bis zur Gegenwart	3034-1		
Brecht, Bertolt	Über das bürgerliche Trauerspiel Der Hofmeister von Lenz	Brecht. Das lyrische Schaffen	3060-0		
Brecht, Bertolt	Über die Bezeichnung Emigranten	Lyrik des Exils	3036-5		
Brentano, Clemens	Abendständchen	So interpretiere ich Gedichte!	1206-4		
Brentano, Clemens	Der Spinnerin Nachtlied	Beliebte Gedichte interpretiert (mit Texten)	1204-0		
Brentano, Clemens	Der Spinnerin Nachtlied	Deutsche Liebeslyrik vom Barock bis zur Gegenwart	3034-1		
Brentano, Clemens	Geschichte vom braven Kasperl und dem schönen Annerl	Beliebte Erzählungen und Novellen interpretiert (mit Texten auf CD)	1504-1		
Brentano, Clemens	Hörst du, wie die Brunnen rauschen	Lyrik der Romantik	3032-7		
Brentano, Clemens	In der Fremde	Wie interpretiere ich Lyrik? Aufgaben und Musterinterpretationen. Band 1 Mittelalter bis Romantik (mit Texten)			✓
Brentano, Clemens	Sprich aus der Ferne	Lyrik der Romantik	3032-7		
Brentano, Clemens	Sprich aus der Ferne	Naturlyrik vom Mittelalter bis zur Gegenwart	3031-0		
Brinkmann, Rolf Dieter	Gedicht	Lyrik der Gegenwart	3038-9		
Britting, Georg	Brudermord im Altwasser	Beliebte Kurzgeschichten interpretiert (mit Texten)	1205-7		
Britting, Georg	Der Bethlehemitische Kindermord	Beliebte Balladen interpretiert (mit Texten)	1477-8		
Brockes, Barthold Heinrich	Die kleine Fliege	Naturlyrik vom Mittelalter bis zur Gegenwart	3031-0		
Bronsky, Alina	Scherbenpark	Königs Erläuterungen Bd. 319	2031-1	✓	
Brückner, Christine	Nicht einer zuviel!	Wie interpretiere ich Fabeln, Parabeln und Kurzgeschichten? Aufgaben und Musterinterpretationen (mit Texten)	1575-1		
Brussig, Thomas	Am kürzeren Ende der Sonnenallee	Königs Erläuterungen Bd. 409	1929-2	✓	
Brussig, Thomas	Helden wie wir	Königs Erläuterungen Bd. 413	5764-5		✓

Büchner bis Dehmel

AUTOR	TITEL	INTERPRETIERT IN ...	ISBN 978-3-8044-	AUCH ALS E-BOOK	NUR ALS E-BOOK
Büchner, Georg	Dantons Tod	Königs Erläuterungen Bd. 235	1904-9	✔	
Büchner, Georg	Der Hessische Landbote	Königs Erläuterungen Bd. 449	5836-9		✔
Büchner, Georg	Lenz	Königs Erläuterungen Bd. 448	2029-8	✔	
Büchner, Georg	Leonce und Lena	Königs Erläuterungen Bd. 236	1760-1	✔	
Büchner, Georg	Woyzeck	Königs Erläuterungen Bd. 315	1916-2	✔	
Bürger, Gottfried August	Der Bauer. An seinen durchlauchtigen Tyrannen	Wie interpretiere ich Lyrik? Aufgaben und Musterinterpretationen. Band 1 Mittelalter bis Romantik (mit Texten)			✔
Bürger, Gottfried August	Lenore	Beliebte Balladen interpretiert (mit Texten)	1213-2	✔	
Camus, Albert	Der erste Mensch	Königs Erläuterungen Bd. 399	5669-3	✔	
Camus, Albert	L'Étranger	Königs Erläuterungen Bd. 61	2018-2	✔	
Camus, Albert	La Peste	Königs Erläuterungen Bd. 165	2032-8	✔	
Canetti, Elias	Der Belesene	Wie interpretiere ich Fabeln, Parabeln und Kurzgeschichten? Aufgaben und Musterinterpretationen (mit Texten)	1575-1		
Canetti, Elias	Der Beruf des Dichters	Musterklausuren II (Erörterung)			
Celan, Paul	Todesfuge	Beliebte Gedichte interpretiert (mit Texten)	1204-0		
Celan, Paul	Todesfuge	Lyrik der Nachkriegszeit	3133-1		
Chamisso, Adelbert von	Das Riesenspielzeug	Beliebte Balladen interpretiert (mit Texten)	1213-2	✔	
Chamisso, Adelbert von	Die Sonne bringt es an den Tag	Lyrik der Romantik	3032-7		
Claudius, Matthias	Abendlied	Beliebte Gedichte interpretiert (mit Texten)	1204-0		
Claudius, Matthias	Der Tod	Wie interpretiere ich Lyrik? Aufgaben und Musterinterpretationen. Band 1 Mittelalter bis Romantik (mit Texten)			✔
Dach, Simon	Die Sonne rennt mit prangen	Lyrik des Barock	3035-8		
Dauthendey, Max	Blütenleben	Lyrik der Jahrhundertwende	5029-5		
Dauthendey, Max	Blütenleben	Naturlyrik vom Mittelalter bis zur Gegenwart	3031-0		
Dehmel, Richard	Entbietung	Deutsche Liebeslyrik vom Barock bis zur Gegenwart	3034-1		
Dehmel, Richard	Entbietung	Lyrik der Jahrhundertwende	5029-5		

AUTOR	TITEL	INTERPRETIERT IN ...	ISBN 978-3-8044-	AUCH ALS E-BOOK	NUR ALS E-BOOK
Delius, Friedrich Christian	Hymne	Lyrik der Gegenwart	3038-9		
Döblin, Alfred	Berlin Alexanderplatz	Königs Erläuterungen Bd. 393	1993-3	✔	
Döblin, Alfred	November 1918	Antigone. Ein Mythos und seine Bearbeitungen	3041-9		
Doderer, Heimito von	Der Brand	Wie interpretiere ich Fabeln, Parabeln und Kurzgeschichten? Aufgaben und Musterinterpretationen (mit Texten)	1575-1		
Domin, Hilde	Losgelöst	Lyrik der Nachkriegszeit	3133-1		
Domin, Hilde	Losgelöst	Naturlyrik vom Mittelalter bis zur Gegenwart	3031-0		
Domin, Hilde	Magere Kost	Deutsche Liebeslyrik vom Barock bis zur Gegenwart	3034-1		
Domin, Hilde	Ziehende Landschaft	Lyrik des Exils	3036-5		
Doyle, Roddy	A Star Called Henry (in deutscher Sprache)	Königs Erläuterungen Bd. 479	5850-5		✔
Doyle, Roddy	A Star Called Henry (in englischer Sprache)	Königs Erläuterungen Bd. 483	5888-8		✔
Drewitz, Ingeborg	Gestern war Heute, Hundert Jahre Gegenwart (Abschnitt 1+2)	Musterklausuren I (Interpretationen)	1528-7		
Droste-Hülshoff, Annette von	Brennende Liebe	Deutsche Liebeslyrik vom Barock bis zur Gegenwart	3034-1		
Droste-Hülshoff, Annette von	Der Knabe im Moor	Beliebte Balladen interpretiert (mit Texten)	1213-2	✔	
Droste-Hülshoff, Annette von	Die Judenbuche	Königs Erläuterungen Bd. 216	1990-2	✔	
Droste-Hülshoff, Annette von	Im Grase	Lyrik des Realismus	3039-6		
Dürrenmatt, Friedrich	Der Tunnel	Beliebte Erzählungen und Novellen interpretiert (mit Texten auf CD)			
Dürrenmatt, Friedrich	Das Versprechen	Königs Erläuterungen Bd. 419	1953-7	✔	
Dürrenmatt, Friedrich	Der Besuch der alten Dame	Königs Erläuterungen Bd. 366	1907-0	✔	
Dürrenmatt, Friedrich	Der Meteor	Königs Erläuterungen Bd. 211	5601-1		✔
Dürrenmatt, Friedrich	Der Richter und sein Henker	Königs Erläuterungen Bd. 42	1926-1	✔	
Dürrenmatt, Friedrich	Der Verdacht	Königs Erläuterungen Bd. 438	2012-0	✔	
Dürrenmatt, Friedrich	Die Physiker	Königs Erläuterungen Bd. 368	1921-6	✔	

Dürrenmatt bis Eichendorff

AUTOR	TITEL	INTERPRETIERT IN ...	ISBN 978-3-8044-	AUCH ALS E-BOOK	NUR ALS E-BOOK
Dürrenmatt, Friedrich	Ein Engel kommt nach Babylon	Königs Erläuterungen Bd. 211	5601-1		✔
Dürrenmatt, Friedrich	Ein Psalm Salomos, den Weltraumfahrern zu singen	Wie interpretiere ich Lyrik? Basiswissen (mit Texten)			✔
Dürrenmatt, Friedrich	Romulus der Große	Königs Erläuterungen Bd. 211	5601-1		✔
Eastwood, Clint	Gran Torino	Königs Erläuterungen Spezial	3127-0		
Eco, Umberto	Der Name der Rose	Königs Erläuterungen Bd. 391	5627-3		✔
Eich, Günter	An die Lerche	Erfolgreich üben für die Klausur			
Eich, Günter	Inventur	Beliebte Gedichte interpretiert (mit Texten)	1204-0		
Eich, Günter	Inventur	Lyrik der Nachkriegszeit	3133-1		
Eich, Günter	Latrine	So interpretiere ich Gedichte!	1206-4		
Eich, Günter	WALD, BESTAND AN BÄUMEN, ZÄHLBAR	Lyrik der Nachkriegszeit	3133-1		
Eich, Günter	WALD, BESTAND AN BÄUMEN, ZÄHLBAR	Naturlyrik vom Mittelalter bis zur Gegenwart	3031-0		
Eichendorff, Joseph von	Abschied (O Täler weit, o Höhen)	Eichendorff. Das lyrische Schaffen	3059-4		
Eichendorff, Joseph von	An die Tiroler	Eichendorff. Das lyrische Schaffen	3059-4		
Eichendorff, Joseph von	Auf meines Kindes Tod (4. Teil)	Eichendorff. Das lyrische Schaffen	3059-4		
Eichendorff, Joseph von	Auf meines Kindes Tod (8. Teil)	So interpretiere ich Gedichte!	1206-4		
Eichendorff, Joseph von	Aus dem Leben eines Taugenichts	Königs Erläuterungen Bd. 215	1940-7	✔	
Eichendorff, Joseph von	Das Marmorbild	Königs Erläuterungen Bd. 248	2052-6	✔	
Eichendorff, Joseph von	Das Mädchen	Musterklausuren I (Interpretationen)			
Eichendorff, Joseph von	Der irre Spielmann	Eichendorff. Das lyrische Schaffen	3059-4		
Eichendorff, Joseph von	Der stille Grund	Eichendorff. Das lyrische Schaffen	3059-4		
Eichendorff, Joseph von	Die Heimat. An meinen Bruder	Eichendorff. Das lyrische Schaffen	3059-4		
Eichendorff, Joseph von	Die zwei Gesellen	Eichendorff. Das lyrische Schaffen	3059-4		
Eichendorff, Joseph von	Frische Fahrt	Eichendorff. Das lyrische Schaffen	3059-4		
Eichendorff, Joseph von	Ihm ist's verliehn	Lyrik der Romantik	3032-7		
Eichendorff, Joseph von	In Danzig	Eichendorff. Das lyrische Schaffen	3059-4		

AUTOR	TITEL	INTERPRETIERT IN ...	ISBN 978-3-8044-	AUCH ALS E-BOOK	NUR ALS E-BOOK
Eichendorff, Joseph von	Lied (Das zerbrochene Ringlein; In einem kühlen Grunde)	Eichendorff. Das lyrische Schaffen	3059-4		
Eichendorff, Joseph von	Mittagsruh	Lyrik der Romantik	3032-7		
Eichendorff, Joseph von	Mittagsruh	Naturlyrik vom Mittelalter bis zur Gegenwart	3031-0		
Eichendorff, Joseph von	Mondnacht	Beliebte Gedichte interpretiert (mit Texten)	1204-0		
Eichendorff, Joseph von	Mondnacht	Eichendorff. Das lyrische Schaffen	3059-4		
Eichendorff, Joseph von	Sehnsucht	Eichendorff. Das lyrische Schaffen	3059-4		
Eichendorff, Joseph von	Sehnsucht	So interpretiere ich Gedichte!	1206-4		
Eichendorff, Joseph von	Sonette. An A...	So interpretiere ich Gedichte!	1206-4		
Eichendorff, Joseph von	Stimmen der Nacht	Lyrik der Romantik	3032-7		
Eichendorff, Joseph von	Trennung	Deutsche Liebeslyrik vom Barock bis zur Gegenwart	3034-1		
Eichendorff, Joseph von	Treue	Erfolgreich üben für die Klausur			
Eichendorff, Joseph von	Weihnachten	Eichendorff. Das lyrische Schaffen	3059-4		
Eichendorff, Joseph von	Wünschelrute	Eichendorff. Das lyrische Schaffen	3059-4		
Eichendorff, Joseph von	Zauberei der Nacht	Lyrik der Romantik	3032-7		
Eichendorff, Joseph von	Zwielicht	Eichendorff. Das lyrische Schaffen	3059-4		
Engelke, Gerrit	Tod im Schacht	So interpretiere ich Gedichte!	1206-4		
Enzensberger, Hans Magnus	an alle fernsprechteilnehmer	Wie interpretiere ich Lyrik? Anleitung mit Übungen (mit Texten)	1573-7		
Enzensberger, Hans Magnus	Bildzeitung	Beliebte Gedichte interpretiert (mit Texten)	1204-0		
Enzensberger, Hans Magnus	Bildzeitung	Lyrik der Nachkriegszeit	3133-1		
Enzensberger, Hans Magnus	Blindlings	So interpretiere ich Gedichte!	1206-4		
Erpenbeck, Jenny	Gehen, ging, gegangen	Königs Erläuterungen Bd. 341	2039-7	✓	
Euripides	Medea	Medea. Ein Mythos und seine Bearbeitungen	3043-3		

Fallada bis Frank

AUTOR	TITEL	INTERPRETIERT IN ...	ISBN 978-3-8044-	AUCH ALS E-BOOK	NUR ALS E-BOOK
Fallada, Hans	Kleiner Mann - was nun?	Königs Erläuterungen Bd. 307	2022-9	✔	
Falke, Gustav	Strandidyll	Lyrik der Jahrhundertwende	5029-5		
Falke, Gustav	Strandidyll	Naturlyrik vom Mittelalter bis zur Gegenwart	3031-0		✔
Faulkner, William	A Rose for Emily	Königs Erläuterungen Bd. 480	5851-2	✔	
Fischer, Christian August	Die Revolution im Tierreich oder Der Magen und die Glieder	Wie interpretiere ich Fabeln, Parabeln und Kurzgeschichten? Aufgaben und Musterinterpretationen (mit Texten)	1575-1		
Fitzgerald, F. Scott	Der große Gatsby (in deutscher Sprache)	Königs Erläuterungen Bd. 389	1792-2	✔	
Fitzgerald, F. Scott	The Great Gatsby (in englischer Sprache)	König Erläuterungen Spezial	3122-5	✔	
Flake, Otto	Der Brief	Wie interpretiere ich Fabeln, Parabeln und Kurzgeschichten? Aufgaben und Musterinterpretationen (mit Texten)	1575-1		
Fleming, Paul	An sich	Lyrik des Barock	3035-8		
Fleming, Paul	Wie Er wolle geküsst seyn	Deutsche Liebeslyrik vom Barock bis zur Gegenwart	3034-1		
Fontaine, Jean de La	Der Wolf und das Lamm	Wie interpretiere ich Fabeln, Parabeln und Kurzgeschichten? Basiswissen (mit Texten)			✔
Fontane, Theodor	Archibald Douglas	Lyrik des Realismus	3039-6		
Fontane, Theodor	Auf dem Matthäikirchhof	Lyrik des Realismus	3039-6		
Fontane, Theodor	Die Brück´ am Tay	Beliebte Balladen interpretiert (mit Texten)	1213-2	✔	
Fontane, Theodor	Effi Briest	Königs Erläuterungen Bd. 253	1951-3	✔	
Fontane, Theodor	Frau Jenny Treibel	Königs Erläuterungen Bd. 360	1906-3	✔	
Fontane, Thedor	Grete Minde	Königs Erläuterungen Bd. 360	5623-5		✔
Fontane, Theodor	Herr von Ribbeck auf Ribbeck im Havelland	Beliebte Balladen interpretiert (mit Texten)	1213-2	✔	
Fontane, Theodor	Herr von Ribbeck auf Ribbeck im Havelland	Lyrik des Realismus	3039-6		
Fontane, Theodor	Irrungen, Wirrungen	Königs Erläuterungen Bd. 330	1928-5	✔	
Fontane, Theodor	John Maynard	Beliebte Balladen interpretiert (mit Texten)	1213-2	✔	
Fontane, Theodor	Unterm Birnbaum	Beliebte Erzählungen und Novellen interpretiert (mit Texten auf CD)	1504-1	✔	
Fontane, Thedor	Unterm Birnbaum	Königs Erläuterungen Bd. 360	5623-5		✔
Frank, Anne	Das Tagebuch der Anne Frank	Königs Erläuterungen Bd. 410	1974-2	✔	

AUTOR	TITEL	INTERPRETIERT IN ...	ISBN 978-3-8044-	AUCH ALS E-BOOK	NUR ALS E-BOOK
Franklin, Tom	Crooked Letter, Crooked Letter	Königs Erläuterungen Spezial	3128-7	✔	
Franz, Cornelia	Ins Nordlicht blicken	König Erläuterungen Spezial	3093-8	✔	
Fried, Erich	Beim Nachdenken über Vorbilder	Lyrik der Gegenwart	3038-9		
Fried, Erich	Nähe	Deutsche Liebeslyrik vom Barock bis zur Gegenwart	3034-1		
Fried, Erich	Was es ist	Beliebte Gedichte interpretiert (mit Texten)	1204-0		
Frisch, Max	Andorra	Königs Erläuterungen Bd. 145	1901-8	✔	
Frisch, Max	Biedermann und die Brandstifter	Königs Erläuterungen Bd. 352	1985-8	✔	
Frisch, Max	Der andorranische Jude	Wie interpretiere ich Fabeln, Parabeln und Kurzgeschichten? Aufgaben und Musterinterpretationen (mit Texten)	1575-1		
Frisch, Max	Homo faber	Königs Erläuterungen Bd. 148	1902-5	✔	
Frisch, Max	Homo faber	Ödipus. Ein Mythos und seine Bearbeitungen	3040-2	✔	
Frisch, Max	Stiller	Königs Erläuterungen Bd. 356	1813-4	✔	
Fürnberg, Louis	Böhmen	Lyrik des Exils	3036-5		
Gaarder, Jostein	Sofies Welt	Königs Erläuterungen Bd. 395	5740-9		✔
Gaines, Ernest J.	A Lesson Before Dying	Königs Erläuterungen Spezial	3120-1		
Gaiser, Gerd	Der Mensch, den ich erlegt hatte	Beliebte Kurzgeschichten interpretiert (mit Texten)	1205-7		
García Lorca, Federico	Lied	So interpretiere ich Gedichte!	1206-4		
García Márquez, Gabriel	Chronik eines angekündigten Todes	Königs Erläuterungen Bd. 477	1881-3	✔	
Gellert, Christian Fürchtegott	Der Tanzbär	Wie interpretiere ich Fabeln, Parabeln und Kurzgeschichten? Aufgaben und Musterinterpretationen (mit Texten)	1575-1		
George, Stefan	Komm in den totgesagten park	Beliebte Gedichte interpretiert (mit Texten)	1204-0		
George, Stefan	Komm in den totgesagten park	Lyrik der Jahrhundertwende	5029-5		
George, Stefan	Komm in den totgesagten park	Naturlyrik vom Mittelalter bis zur Gegenwart	3031-0		
Gerhardt, Paul	Sommer-Gesang (Geh aus mein Hertz und suche Freud)	Lyrik des Barock	3035-8		
Gernhardt, Robert	Siebenmal mein Körper	Beliebte Gedichte interpretiert (mit Texten)	1204-0		

Goethe

AUTOR	TITEL	INTERPRETIERT IN ...	ISBN 978-3-8044-	AUCH ALS E-BOOK	NUR ALS E-BOOK
Goethe, Johann Wolfgang von	An den Mond	Goethe. Das lyrische Schaffen	3064-8	✔	
Goethe, Johann Wolfgang von	Auf dem See	Lyrik der Klassik	3037-2		
Goethe, Johann Wolfgang von	Auf dem See	Naturlyrik vom Mittelalter bis zur Gegenwart	3031-0		
Goethe, Johann Wolfgang von	Das Göttliche	Lyrik der Klassik	3037-2		
Goethe, Johann Wolfgang von	Der Fischer	Deutsche Liebeslyrik vom Barock bis zur Gegenwart	3034-1		
Goethe, Johann Wolfgang von	Der Gott und die Bajadere	Lyrik der Klassik	3037-2		
Goethe, Johann Wolfgang von	Der König in Thule	Beliebte Balladen interpretiert (mit Texten)	1213-2	✔	
Goethe, Johann Wolfgang von	Der Zauberlehrling	Beliebte Balladen interpretiert (mit Texten)	1213-2	✔	
Goethe, Johann Wolfgang von	Der Zauberlehrling	Lyrik der Klassik	3037-2		
Goethe, Johann Wolfgang von	Der Zauberlehrling	Naturlyrik vom Mittelalter bis zur Gegenwart	3031-0		
Goethe, Johann Wolfgang von	Die Braut von Korinth	Lyrik der Klassik	3037-2		
Goethe, Johann Wolfgang von	Die Leiden des jungen Werther	Königs Erläuterungen Bd. 79	1900-1	✔	
Goethe, Johann Wolfgang von	Die Metamorphose der Pflanzen	Lyrik der Klassik	3037-2		
Goethe, Johann Wolfgang von	Die Metamorphose der Pflanzen	Naturlyrik vom Mittelalter bis zur Gegenwart	3031-0		
Goethe, Johann Wolfgang von	Die Wahlverwandtschaften	Königs Erläuterungen Bd. 298	5786-7		✔
Goethe, Johann Wolfgang von	Egmont	Königs Erläuterungen Bd. 12	5624-2		✔
Goethe, Johann Wolfgang von	Ein Gleiches	So interpretiere ich Gedichte!	1206-4		

AUTOR	TITEL	INTERPRETIERT IN ...	ISBN 978-3-8044-	AUCH ALS E-BOOK	NUR ALS E-BOOK
Goethe, Johann Wolfgang von	Ein Gleiches (Wandrers Nachtlied)	Goethe. Das lyrische Schaffen	3064-8		
Goethe, Johann Wolfgang von	Elegie (aus: Trilogie der Leidenschaft)	Goethe. Das lyrische Schaffen	3064-8		
Goethe, Johann Wolfgang von	Epigramme. Venedig 1790 (Venezianische Epigramme, Nr. 66)	Goethe. Das lyrische Schaffen	3064-8		
Goethe, Johann Wolfgang von	Erlkönig	Beliebte Balladen interpretiert (mit Texten)	1213-2	✔	
Goethe, Johann Wolfgang von	Erlkönig	Goethe. Das lyrische Schaffen	3064-8		
Goethe, Johann Wolfgang von	Faust, Die Gretchen-Tragödie	Faust, Die Gretchen-Tragödie	3092-1	✔	
Goethe, Johann Wolfgang von	Faust als Prototyp des modernen Menschen	Faust als Prototyp des modernen Menschen – Textanalyse zur Vorbereitung auf Abitur und Klausur	1894-3		✔
Goethe, Johann Wolfgang von	Faust I	Faust. Ein Mythos und seine Bearbeitungen	3042-6	✔	
Goethe, Johann Wolfgang von	Faust I	Königs Erläuterungen Bd. 21	1943-8	✔	
Goethe, Johann Wolfgang von	Faust II	Faust. Ein Mythos und seine Bearbeitungen	3042-6		
Goethe, Johann Wolfgang von	Faust II	Königs Erläuterungen Bd. 43	1983-4	✔	
Goethe, Johann Wolfgang von	Ganymed	Wie interpretiere ich Lyrik? Aufgaben und Musterinterpretationen. Band 1 Mittelalter bis Romantik (mit Texten)			✔
Goethe, Johann Wolfgang von	Gefunden	Goethe. Das lyrische Schaffen	3064-8		
Goethe, Johann Wolfgang von	Gesang der Geister über den Wassern	Lyrik der Klassik	3037-2		
Goethe, Johann Wolfgang von	Gingo biloba (aus: West-östlicher Divan)	Goethe. Das lyrische Schaffen	3064-8		
Goethe, Johann Wolfgang von	Götz von Berlichingen	Königs Erläuterungen Bd. 8	2013-7	✔	
Goethe, Johann Wolfgang von	Heidenröslein	Goethe. Das lyrische Schaffen	3064-8		

Goethe bis Gomringer

AUTOR	TITEL	INTERPRETIERT IN ...	ISBN 978-3-8044-	AUCH ALS E-BOOK	NUR ALS E-BOOK
Goethe, Johann Wolfgang von	Ilmenau	Goethe. Das lyrische Schaffen	3064-8		
Goethe, Johann Wolfgang von	Iphigenie auf Tauris	Königs Erläuterungen Bd. 15	1938-4	✔	
Goethe, Johann Wolfgang von	Mailied	Wie interpretiere ich Lyrik? Aufgaben und Musterinterpretationen. Band 1 Mittelalter bis Romantik (mit Texten)			✔
Goethe, Johann Wolfgang von	Mignon	Lyrik der Klassik	3037-2		
Goethe, Johann Wolfgang von	Natur und Kunst	Goethe. Das lyrische Schaffen	3064-8		
Goethe, Johann Wolfgang von	Natur und Kunst	Lyrik der Klassik	3037-2		
Goethe, Johann Wolfgang von	Prometheus	Beliebte Gedichte interpretiert (mit Texten)	1204-0		
Goethe, Johann Wolfgang von	Prometheus	Goethe. Das lyrische Schaffen	3064-8		
Goethe, Johann Wolfgang von	Römische Elegien V	Goethe. Das lyrische Schaffen	3064-8		
Goethe, Johann Wolfgang von	Selige Sehnsucht (aus: West-östlicher Divan)	Goethe. Das lyrische Schaffen	3064-8		
Goethe, Johann Wolfgang von	Urfaust	Faust. Ein Mythos und seine Bearbeitungen	3042-6		
Goethe, Johann Wolfgang von	Urworte Orphisch	Lyrik der Klassik	3037-2		
Goethe, Johann Wolfgang von	Urworte. Orphisch	Goethe. Das lyrische Schaffen	3064-8		
Goethe, Johann Wolfgang von	Willkommen und Abschied	Deutsche Liebeslyrik vom Barock bis zur Gegenwart	3034-1		
Goethe, Johann Wolfgang von	Willkommen und Abschied	Goethe. Das lyrische Schaffen	3064-8		
Golding, William	Herr der Fliegen	Königs Erläuterungen Bd. 332	2010-6	✔	
Goll, Yvan	Lied der Unbesiegten	Lyrik des Exils	3036-5		
Gomringer, Eugen	Schweigen	Beliebte Gedichte interpretiert (mit Texten)	1204-0		

AUTOR	TITEL	INTERPRETIERT IN ...	ISBN 978-3-8044-	AUCH ALS E-BOOK	NUR ALS E-BOOK
Gomringer, Eugen	Schweigen	Lyrik der Nachkriegszeit	3133-1		
Gomringer, Nora	Liebesrost	Deutsche Liebeslyrik vom Barock bis zur Gegenwart	3034-1		
Gotthelf, Jeremias	Der Besenbinder von Rychiswyl	Königs Erläuterungen Bd. 272	5618-1		✔
Gotthelf, Jeremias	Die schwarze Spinne	Königs Erläuterungen Bd. 422	1911-7	✔	
Graf, Oskar Maria	Brief eines Emigranten an seine Tochter	Lyrik des Exils	3036-5		
Grass, Günter	Die Blechtrommel	Königs Erläuterungen Bd. 159	1976-6	✔	
Grass, Günter	Ehe	Deutsche Liebeslyrik vom Barock bis zur Gegenwart	3034-1		
Grass, Günter	Hundejahre	Königs Erläuterungen Bd. 442	5827-7		✔
Grass, Günter	Im Krebsgang	Königs Erläuterungen Bd. 416	1992-6	✔	
Grass, Günter	Katz und Maus	Königs Erläuterungen Bd. 162	1903-2	✔	
Grass, Günter	Kinderlied	Beliebte Gedichte interpretiert (mit Texten)	1204-0		
Grass, Günter	Kinderlied	Lyrik der Nachkriegszeit	3133-1		
Green, John	Das Schicksal ist ein mieser Verräter	Königs Erläuterungen Bd. 498	2019-9	✔	
Grillparzer, Franz	Das goldene Vließ	Medea. Ein Mythos und seine Bearbeitungen	3043-3		
Grimmels-hausen, Hans Jakob Christ-offel von	Der abenteuerliche Simplicissimus	Königs Erläuterungen Bd. 149	1955-1	✔	
Grönemeyer, Herbert	Flugzeuge im Bauch	Deutsche Liebeslyrik vom Barock bis zur Gegenwart	3034-1		
Gross, Rainer	Grafeneck	Königs Erläuterungen Spezial	3099-0	✔	
Grün, Max von der	Unter Tag	Lyrik der Nachkriegszeit	3133-1		
Grün, Max von der	Unter Tag	Naturlyrik vom Mittelalter bis zur Gegenwart	3031-0		
Grünbein, Durs	Biologischer Walzer	Naturlyrik vom Mittelalter bis zur Gegenwart	3031-0		
Grünbein, Durs	Nostalgischer Krebs	Lyrik der Gegenwart	3038-9		
Gryphius, Andreas	An sich selbst	Lyrik des Barock	3035-8		
Gryphius, Andreas	Morgen Sonnet	Wie interpretiere ich Lyrik? Anleitung mit Übungen (mit Texten)	1573-7		

Gryphius bis Hebbel

AUTOR	TITEL	INTERPRETIERT IN ...	ISBN 978-3-8044-	AUCH ALS E-BOOK	NUR ALS E-BOOK
Gryphius, Andreas	Thränen in schwerer Krankheit	Lyrik des Barock	3035-8		
Gryphius, Andreas	Thränen in schwerer Krankheit	Beliebte Gedichte interpretiert (mit Texten)	1204-0		
Gryphius, Andreas	Threnen des Vatterlandes. Anno 1636	So interpretiere ich Gedichte!	1206-4		
Günderrode, Karoline von	Liebe	Deutsche Liebeslyrik vom Barock bis zur Gegenwart	3034-1		
Günderrode, Karoline von	Liebe	Lyrik der Romantik	3032-7		
Günther, Johann Christian	Abschieds-Aria	Lyrik des Barock	3035-8		
Hackl, Erich	Abschied von Sidonie	König Erläuterungen Spezial	3094-5	✔	
Hacks, Peter	Ein Gespräch im Hause Stein über den abwesenden Herrn von Goethe	Königs Erläuterungen Bd. 468	5871-4		
Hagedorn, Friedrich von	Der Glieder Streit mit dem Magen	Wie interpretiere ich Fabeln, Parabeln und Kurzgeschichten? Aufgaben und Musterinterpretationen (mit Texten)	1575-1		
Haggis, Paul	Crash	Königs Erläuterungen Spezial	3123-2		
Hahn, Ulla	Mit Haut und Haar	Deutsche Liebeslyrik vom Barock bis zur Gegenwart	3034-1		
Hansberry, Lorraine	A Raisin in the Sun	Königs Erläuterungen Spezial	3140-9	✔	
Haufs, Rolf	Jeden Tag	Lyrik der Gegenwart	3038-9		
Hauptmann, Gerhart	Bahnwärter Thiel	Königs Erläuterungen Bd. 270	1930-8	✔	
Hauptmann, Gerhart	Der Biberpelz	Königs Erläuterungen Bd. 188	5639-6		✔
Hauptmann, Gerhart	Der rote Hahn	Königs Erläuterungen Bd. 188	5639-6		✔
Hauptmann, Gerhart	Die Ratten	Königs Erläuterungen Bd. 284	1971-1	✔	
Hauptmann, Gerhart	Die Weber	Königs Erläuterungen Bd. 189	1785-4	✔	
Hebbel, Friedrich	Agnes Bernauer	Erfolgreich üben für die Klausur			
Hebbel, Friedrich	An den Tod	Lyrik des Realismus	3039-6		
Hebbel, Friedrich	Maria Magdalena	Königs Erläuterungen Bd. 176	2044-1	✔	
Hebbel, Friedrich	Mysterium	Lyrik des Realismus	3039-6		
Hebbel, Friedrich	Mysterium	Naturlyrik vom Mittelalter bis zur Gegenwart	3031-0		

AUTOR	TITEL	INTERPRETIERT IN ...	ISBN 978-3-8044-	AUCH ALS E-BOOK	NUR ALS E-BOOK
Hebbel, Friedrich	Sommerbild	Lyrik des Realismus	3039-6		
Hebbel, Friedrich	Sommerbild	Naturlyrik vom Mittelalter bis zur Gegenwart	3031-0		
Hein, Christoph	Der fremde Freund. Drachenblut	Königs Erläuterungen Bd. 439	5824-6		✔
Hein, Christoph	In seiner frühen Kindheit ein Garten	Königs Erläuterungen Bd. 484	1889-9	✔	
Heine, Heinrich	Belsazar	Heine. Das lyrische Schaffen	3054-9	✔	
Heine, Heinrich	Belsazar	Beliebte Balladen interpretiert (mit Texten)	1213-2	✔	
Heine, Heinrich	Belsazar	Wie interpretiere ich Lyrik? Anleitung mit Übungen (mit Texten)	1573-7		
Heine, Heinrich	Der Apollogott (I)	Heine. Das lyrische Schaffen	3054-9		
Heine, Heinrich	Der Asra	Heine. Das lyrische Schaffen	3054-9		
Heine, Heinrich	Deutschland. Ein Wintermärchen	Königs Erläuterungen Bd. 62	2037-3	✔	
Heine, Heinrich	Die Grenadiere	Heine. Das lyrische Schaffen	3054-9		
Heine, Heinrich	Die schlesischen Weber	Heine. Das lyrische Schaffen	3054-9		
Heine, Heinrich	Die Wallfahrt nach Kevlaar	Beliebte Balladen interpretiert (mit Texten)	1213-2	✔	
Heine, Heinrich	Doktrin	Heine. Das lyrische Schaffen	3054-9		
Heine, Heinrich	Enfant perdu	Heine. Das lyrische Schaffen	3054-9		
Heine, Heinrich	Ich steh auf des Berges Spitze	Lyrik der Romantik	3032-7		
Heine, Heinrich	Ich weiß nicht, was soll es bedeuten (Loreley)	Beliebte Balladen interpretiert (mit Texten)	1213-2	✔	
Heine, Heinrich	Ich weiß nicht, was soll es bedeuten (Loreley)	Heine. Das lyrische Schaffen	3054-9		
Heine, Heinrich	Lebensfahrt	Heine. Das lyrische Schaffen	3054-9		
Heine, Heinrich	Leise zieht durch mein Gemüt	Heine. Das lyrische Schaffen	3054-9		
Heine, Heinrich	Nachtgedanken	Beliebte Gedichte interpretiert (mit Texten)	1204-0		
Heine, Heinrich	Nachtgedanken	Heine. Das lyrische Schaffen	3054-9		
Heine, Heinrich	Zum Lazarus 10	Heine. Das lyrische Schaffen	3054-9		

Heißenbüttel bis Hofmannswaldau

AUTOR	TITEL	INTERPRETIERT IN ...	ISBN 978-3-8044-	AUCH ALS E-BOOK	NUR ALS E-BOOK
Heißenbüttel, Helmut	c (konjuktivisch)	Lyrik der Nachkriegszeit	3133-1		
Hemingway, Ernest	Der alte Mann und das Meer	Königs Erläuterungen Bd. 256	5723-2		✔
Hermann, Judith	Sommerhaus, später	Königs Erläuterungen Spezial	3130-0	✔	
Herrndorf, Wolfgang	Tschick	Königs Erläuterungen Bd. 493	2008-3	✔	
Hess, Johann	Welt, ich muss dich lassen	Wie interpretiere ich Lyrik? Aufgaben und Musterinterpretationen. Band 1 Mittelalter bis Romantik (mit Texten)			✔
Hesse, Hermann	Das Glasperlenspiel	Königs Erläuterungen Bd. 316	5700-7		✔
Hesse, Hermann	Demian	Königs Erläuterungen Bd. 464	1912-4	✔	
Hesse, Hermann	Der Steppenwolf	Königs Erläuterungen Bd. 473	1947-6	✔	
Hesse, Hermann	Narziß und Goldmund	Königs Erläuterungen Bd. 86	1927-8	✔	
Hesse, Hermann	Peter Camenzind	Königs Erläuterungen Bd. 17	5621-1		✔
Hesse, Hermann	Knulp	Königs Erläuterungen Bd. 17	5621-1		✔
Hesse, Hermann	Siddhartha	Königs Erläuterungen Bd. 465	1954-4	✔	
Hesse, Hermann	Stufen	Beliebte Gedichte interpretiert (mit Texten)	1204-0		
Hesse, Hermann	Unterm Rad	Königs Erläuterungen Bd. 17	1932-2	✔	
Heym, Georg	Der Krieg	Lyrik des Expressionismus	3033-4		
Heym, Georg	Die Stadt	Beliebte Gedichte interpretiert (mit Texten)	1204-0		
Heym, Georg	Printemps	So interpretiere ich Gedichte!	1206-4		
Hochhuth, Paul	Die Berliner Antigone	Antigone. Ein Mythos und seine Bearbeitungen	3041-9		
Hoddis, Jakob van	Weltende	Lyrik des Expressionismus	3033-4		
Hoernle, Edwin	Der Herr und sein Knecht	Wie interpretiere ich Fabeln, Parabeln und Kurzgeschichten? Aufgaben und Musterinterpretationen (mit Texten)	1575-1		
Hoffmann, E.T.A.	Das Fräulein von Scuderi	Königs Erläuterungen Bd. 314	1934-6	✔	
Hoffmann, E.T.A.	Der goldne Topf	Königs Erläuterungen Bd. 474	1914-8	✔	
Hoffmann, E.T.A.	Der Sandmann	Königs Erläuterungen Bd. 404	1909-4	✔	
Hofmann von Hofmannswaldau, Christian	Auff den Mund	Deutsche Liebeslyrik vom Barock bis zur Gegenwart	3034-1		

AUTOR	TITEL	INTERPRETIERT IN …	ISBN 978-3-8044-	AUCH ALS E-BOOK	NUR ALS E-BOOK
Hofmann von Hofmannswaldau, Christian	Auff den Mund	Lyrik des Barock	3035-8		
Hofmann von Hofmannswaldau, Christian	Sonnet. Vergänglichkeit der schönheit	Beliebte Gedichte interpretiert (mit Texten)	1204-0		
Hofmann von Hofmannswaldau, Christian	Sonnet. Vergänglichkeit der schönheit	Deutsche Liebeslyrik vom Barock bis zur Gegenwart	3034-1		
Hofmann von Hofmannswaldau, Christian	Sonnet. Vergänglichkeit der schönheit	Lyrik des Barock	3035-8		
Hofmannsthal, Hugo von	Ballade des äußeren Lebens	Lyrik der Jahrhundertwende	3029-7		
Hofmannsthal, Hugo von	Der Brief des Lord Chandos	Der Brief des Lord Chandos – Textanalyse zur Vorbereitung auf Abitur und Klausur	OM0001*		✓
Hölderlin, Friedrich	An Zimmern	So interpretiere ich Gedichte!	1206-4		
Hölderlin, Friedrich	Brot und Wein (1. Teil)	So interpretiere ich Gedichte!	1206-4		
Hölderlin, Friedrich	Die Eichbäume	Lyrik der Klassik	3037-2		
Hölderlin, Friedrich	Die Eichbäume	Lyrik der Nachkriegszeit	3133-1		
Hölderlin, Friedrich	Die Eichbäume	Naturlyrik vom Mittelalter bis zur Gegenwart	3031-0		
Hölderlin, Friedrich	Hälfte des Lebens	Beliebte Gedichte interpretiert (mit Texten)	1204-0		
Hölderlin, Friedrich	Hälfte des Lebens	Lyrik der Klassik	3037-2		
Hölderlin, Friedrich	Hälfte des Lebens	So interpretiere ich Gedichte!	1206-4		
Höllerer, Walter	Gaspard	So interpretiere ich Gedichte!	1206-4		
Holz, Arno	Hinter blühenden Apfelbaumzweigen	Lyrik der Jahrhundertwende	5029-5		
Holz, Arno	Hinter blühenden Apfelbaumzweigen	Naturlyrik vom Mittelalter bis zur Gegenwart	3031-0		
Hornby, Nick	About a Boy	Königs Erläuterungen Bd. 436	5822-2		✓

*   Titel nur unter www.bange-verlag.de erhältlich.

Horváth bis Jandl

AUTOR	TITEL	INTERPRETIERT IN ...	ISBN 978-3-8044-	AUCH ALS E-BOOK	NUR ALS E-BOOK
Horváth, Ödön von	Der jüngste Tag	Erfolgreich üben für die Klausur		✔	
Horváth, Ödön von	Geschichten aus dem Wiener Wald	Königs Erläuterungen Bd. 467	2001-4	✔	
Horváth, Ödön von	Jugend ohne Gott	Königs Erläuterungen Bd. 400	1939-1	✔	
Huch, Ricarda	Du kamst zu mir	Deutsche Liebeslyrik vom Barock bis zur Gegenwart	3034-1		
Huch, Ricarda	Du kamst zu mir	Lyrik der Jahrhundertwende	5029-5		
Huchel, Peter	Die Schattenchaussee	So interpretiere ich Gedichte!	1206-4		
Huchel, Peter	Letzte Fahrt	Beliebte Balladen interpretiert (mit Texten)	1213-2	✔	
Hürlimann, Thomas	Dämmerschoppen	Musterklausuren I (Interpretationen)			
Hürlimann, Thomas	Flug durch Zürich	Wie interpretiere ich Fabeln, Parabeln und Kurzgeschichten? Anleitung mit Übungen (mit Texten)			
Hürlimann, Thomas	Flug durch Zürich	Wie interpretiere ich Fabeln, Parabeln und Kurzgeschichten? Aufgaben und Musterinter-pretationen (mit Texten)	1575-1		
Huxley, Aldous	Brave New World (in englischer Sprache)	Königs Erläuterungen Bd. 485	5890-1		✔
Huxley, Aldous	Schöne neue Welt - Brave New World (in deutscher Sprache)	Königs Erläuterungen Bd. 338	1995-7	✔	
Ibsen, Henrik	Die Wildente	Königs Erläuterungen Bd. 178	5614-3		✔
Ibsen, Henrik	Ein Volksfeind	Königs Erläuterungen Bd. 411	2041-9	✔	
Ibsen, Henrik	Gespenster	Königs Erläuterungen Bd. 178	5614-3		✔
Ibsen, Henrik	Hedda Gabler	Königs Erläuterungen Bd. 459	5861-1		✔
Ibsen, Henrik	Nora (Ein Puppenheim)	Königs Erläuterungen Bd. 177	1999-5	✔	
Ibsen, Henrik	Rosmersholm	Königs Erläuterungen Bd. 178	5614-3		✔
Ionesco, Eugene	Die kahle Sängerin	Königs Erläuterungen Bd. 392	5643-3		✔
Ionesco, Eugene	Die Nashörner	Königs Erläuterungen Bd. 392	5643-3		✔
Ionesco, Eugene	Die Unterrichtsstunde	Königs Erläuterungen Bd. 392	5643-3		✔
Ishiguro, Kazuo	Never Let Me Go	Königs Erläuterungen Bd. 355	2051-9	✔	
Ishiguro, Kazuo	Was vom Tage übrig blieb	Königs Erläuterungen Bd. 453	5848-2		✔
Jandl, Ernst	ottos mops	Beliebte Gedichte interpretiert (mit Texten)	1204-0		
Jandl, Ernst	urteil	Lyrik der Nachkriegszeit	3133-1		
Jandl, Ernst	wien: heldenplatz	Lyrik der Gegenwart	3038-9		

AUTOR	TITEL	INTERPRETIERT IN ...	ISBN 978-3-8044-	AUCH ALS E-BOOK	NUR ALS E-BOOK
Jelinek, Elfriede	Die Klavierspielerin	Königs Erläuterungen Bd. 471	1874-5	✔	
Johansdorf, Albrecht von	Ich vant âne huote	Deutsche Liebeslyrik vom Barock bis zur Gegenwart	3034-1		✔
Johnson, Uwe	Ingrid Babendererde: Reifeprüfung 1953	Königs Erläuterungen Bd. 309	2023-6	✔	
Kafka, Franz	Auf der Galerie	Franz Kafka. Erzählungen und kurze Prosa	3096-9	✔	
Kafka, Franz	Auf der Galerie	Wie interpretiere ich Fabeln, Parabeln und Kurzgeschichten? Aufgaben und Musterinterpretationen (mit Texten)	1575-1		
Kafka, Franz	Das Schloss	Königs Erläuterungen Bd. 455	1856-1	✔	
Kafka, Franz	Das Urteil	Franz Kafka. Erzählungen und kurze Prosa	3096-9	✔	
Kafka, Franz	Der Aufbruch	Wie interpretiere ich Fabeln, Parabeln und Kurzgeschichten? Aufgaben und Musterinterpretationen (mit Texten)	1575-1		
Kafka, Franz	Der Nachbar	Wie interpretiere ich Fabeln, Parabeln und Kurzgeschichten? Basiswissen (mit Texten)			✔
Kafka, Franz	Der Proceß	Königs Erläuterungen Bd. 417	1910-0	✔	
Kafka, Franz	Der Verschollene (Amerika)	Königs Erläuterungen Bd. 497	2017-5	✔	
Kafka, Franz	Die Verwandlung	Königs Erläuterungen Bd. 432	1941-4	✔	
Kafka, Franz	Ein Bericht für eine Akademie	Königs Erläuterungen Bd. 466	5838-3	✔	
Kafka, Franz	Ein Hungerkünstler	Beliebte Erzählungen und Novellen interpretiert (mit Texten auf CD)			✔
Kafka, Franz	Ein Landarzt	Franz Kafka. Erzählungen und kurze Prosa	3096-9	✔	
Kafka, Franz	Eine kaiserliche Botschaft	Wie interpretiere ich Fabeln, Parabeln und Kurzgeschichten? Basiswissen (mit Texten)			✔
Kafka, Franz	Erstes Leid	Erstes Leid – Textanalyse zur Vorbereitung auf Abitur und Klausur	1373-3	✔	
Kafka, Franz	Gibs auf	Wie interpretiere ich Fabeln, Parabeln und Kurzgeschichten? Basiswissen (mit Texten)			✔
Kafka, Franz	Heimkehr	Wie interpretiere ich Fabeln, Parabeln und Kurzgeschichten? Anleitung mit Übungen (mit Texten)			
Kafka, Franz	Heimkehr	Wie interpretiere ich Fabeln, Parabeln und Kurzgeschichten? Aufgaben und Musterinterpretationen (mit Texten)	1575-1		
Kafka, Franz	In der Strafkolonie	Franz Kafka. Erzählungen und kurze Prosa	3096-9	✔	
Kafka, Franz	Kleine Fabel	Wie interpretiere ich Fabeln, Parabeln und Kurzgeschichten? Aufgaben und Musterinterpretationen (mit Texten)	1575-1		
Kafka, Franz	Vor dem Gesetz	Franz Kafka. Erzählungen und kurze Prosa	3096-9	✔	
Kaléko, Mascha	Emigranten-Monolog	Lyrik des Exils	3036-5	✔	
Karsunke, Yaak	Konzertierte Aktion	Wie interpretiere ich Lyrik? Basiswissen (mit Texten)			✔

Kasack bis Kästner

AUTOR	TITEL	INTERPRETIERT IN ...	ISBN 978-3-8044-	AUCH ALS E-BOOK	NUR ALS E-BOOK
Kasack, Hermann	Mechanischer Doppelgänger	Beliebte Kurzgeschichten interpretiert (mit Texten)	1205-7		
Kaschnitz, Marie Luise	Am Strande	Deutsche Liebeslyrik vom Barock bis zur Gegenwart	3034-1		
Kaschnitz, Marie Luise	Ein Gedicht	Lyrik der Romantik	3032-7		
Kaschnitz, Marie Luise	Genazzano	So interpretiere ich Gedichte!	1206-4		
Kaschnitz, Marie Luise	Nicht gesagt	Wie interpretiere ich Lyrik? Aufgaben und Musterinterpretationen. Band 2 Realismus bis Postmoderne (mit Texten)			✔
Kaschnitz, Marie Luise	Ostia antica	Wie interpretiere ich Lyrik? Basiswissen (mit Texten)			✔
Kaschnitz, Marie Luise	Popp und Mingel	Beliebte Kurzgeschichten interpretiert (mit Texten)	1205-7		
Kaschnitz, Marie Luise	Rückkehr nach Frankfurt	So interpretiere ich Gedichte!	1206-4		
Kästner, Erich	Chor der Fräuleins	Kästner. Das lyrische Schaffen	3057-0		
Kästner, Erich	Das Eisenbahngleichnis	Kästner. Das lyrische Schaffen	3057-0		
Kästner, Erich	Der September	Kästner. Das lyrische Schaffen	3057-0		
Kästner, Erich	Die andre Möglichkeit	Kästner. Das lyrische Schaffen	3057-0		
Kästner, Erich	Die Ballade vom Nachahmungstrieb	Beliebte Balladen interpretiert (mit Texten)	1213-2	✔	
Kästner, Erich	Fabian	Königs Erläuterungen Bd. 499	2020-5	✔	
Kästner, Erich	Jahrgang 1899	Kästner. Das lyrische Schaffen	3057-0		
Kästner, Erich	Jardin du Luxembourg	Kästner. Das lyrische Schaffen	3057-0		
Kästner, Erich	Kennst du das Land, wo die Kanonen blühn?	Kästner. Das lyrische Schaffen	3057-0		
Kästner, Erich	Lessing	Kästner. Das lyrische Schaffen	3057-0		
Kästner, Erich	Nachtgesang des Kammervirtuosen	Kästner. Das lyrische Schaffen	3057-0		
Kästner, Erich	Notwendige Antwort auf überflüssige Fragen	Kästner. Das lyrische Schaffen	3057-0		
Kästner, Erich	Sachliche Romanze	Beliebte Gedichte interpretiert (mit Texten)	1204-0		
Kästner, Erich	Sachliche Romanze	Kästner. Das lyrische Schaffen	3057-0		
Kästner, Erich	Sachliche Romanze	Deutsche Liebeslyrik vom Barock bis zur Gegenwart	3034-1		

AUTOR	TITEL	INTERPRETIERT IN ...	ISBN 978-3-8044-	AUCH ALS E-BOOK	NUR ALS E-BOOK
Kästner, Erich	Sogenannte Klassefrauen	Kästner. Das lyrische Schaffen	3057-0		
Kehlmann, Daniel	Die Vermessung der Welt	Königs Erläuterungen Bd. 490	2005-2	✓	
Kehlmann, Daniel	Ruhm	Königs Erläuterungen Bd. 351	2048-9	✓	
Keller, Gottfried	Die Zeit geht nicht	Lyrik des Realismus	3039-6		
Keller, Gottfried	Kleider machen Leute	Königs Erläuterungen Bd. 184	1965-0	✓	
Keller, Gottfried	Land im Herbst	Lyrik des Realismus	3039-6		
Keller, Gottfried	Land im Herbst	Naturlyrik vom Mittelalter bis zur Gegenwart	3031-0		
Keller, Gottfried	Romeo und Julia auf dem Dorfe	Königs Erläuterungen Bd. 251	1978-0	✓	
Keller, Gottfried	Winternacht	Lyrik des Realismus	3039-6		
Keller, Gottfried	Winternacht	Naturlyrik vom Mittelalter bis zur Gegenwart	3031-0		
Kerr, Alfred	Der Hausknecht	Lyrik des Exils	3036-5		
Keun, Irmgard	Abendstimmung in Scheveningen	Lyrik des Exils	3036-5		
Keun, Irmgard	Das kunstseidene Mädchen	Königs Erläuterungen Bd. 447	2016-8	✓	
King, Stephen	Carrie	Königs Erläuterungen Bd. 394	5655-6		✓
Kipphardt, Heinar	In der Sache J. Robert Oppenheimer	Königs Erläuterungen Bd. 160	2049-6	✓	
Kirsch, Sarah	Bei den weißen Stiefmütterchen	Beliebte Balladen interpretiert (mit Texten)	1213-2	✓	
Kirsch, Sarah	Die Luft riecht schon nach Schnee	Deutsche Liebeslyrik vom Barock bis zur Gegenwart	3034-1		
Kleinbaum, Nancy	Der Club der toten Dichter	Königs Erläuterungen Bd. 431	2025-0	✓	
Kleist, Heinrich von	Das Bettelweib von Locarno	Musterklausuren I (Interpretationen)			
Kleist, Heinrich von	Das Erdbeben in Chili	Königs Erläuterungen Bd. 425	1960-5	✓	
Kleist, Heinrich von	Der zerbrochne Krug	Königs Erläuterungen Bd. 30	1997-1	✓	
Kleist, Heinrich von	Die Marquise von O...	Königs Erläuterungen Bd. 461	1961-2	✓	
Kleist, Heinrich von	Michael Kohlhaas	Königs Erläuterungen Bd. 421	1963-6	✓	
Kleist, Heinrich von	Prinz Friedrich von Homburg	Königs Erläuterungen Bd. 451	1957-5	✓	

Klemperer bis Kürenberg

AUTOR	TITEL	INTERPRETIERT IN ...	ISBN 978-3-8044-	AUCH ALS E-BOOK	NUR ALS E-BOOK
Klemperer, Victor	Das Tagebuch 1933-1945 - Eine Auswahl für junge Leser	Königs Erläuterungen Bd. 424	5810-9		✓
Klinger, Friedrich Maximillian	Fausts Leben, Taten und Höllenfahrt	Faust. Ein Mythos und seine Bearbeitungen	3042-6		
Koeppen, Wolfgang	Tauben im Gras	Königs Erläuterungen Bd. 472	1945-2	✓	
Köhle, Markus	China 285	Lyrik der Gegenwart	3038-9		
Köppen, Edlef	Heeresbericht	Der Erste Weltkrieg: Vergleich mit Remarque, Im Westen nichts Neues. Königs Erläuterungen Spezial	1897-4		✓
Kolmar, Gertrud	Im Lager	Lyrik des Exils	3036-5		
Kolmar, Gertrud	Nächte	Deutsche Liebeslyrik vom Barock bis zur Gegenwart	3034-1		
Kolmar, Gertrud	Nächte	Lyrik des Exils	3036-5		
Kracht, Christian	Faserland	Königs Erläuterungen Bd. 457	1958-2	✓	
Kracht, Christian	Imperium	Darstellung der Literaturdebatte um Krachts neuen Roman „Imperium"	OM0004*		✓
Kraft, Werner	Abendblick auf Jerusalem	Lyrik des Exils	3036-5		
Kraus, Karl	Man frage nicht	Lyrik des Exils	3036-5		
Krechel, Ursula	Episode am Ende	Deutsche Liebeslyrik vom Barock bis zur Gegenwart	3034-1		
Krechel, Ursula	Episode am Ende	Lyrik der Gegenwart	3038-9		
Kroetz, Franz Xaver	Maria Magdalena	Königs Erläuterungen Bd. 476	5880-2		✓
Krolow, Karl	Liebesgedicht	So interpretiere ich Gedichte!	1206-4		
Krolow, Karl	Neues Wesen	Lyrik der Gegenwart	3038-9		
Krolow, Karl	Ode 1950	So interpretiere ich Gedichte!	1206-4		
Krolow, Karl	Terzinen vom früheren Einverständnis mit aller Welt	Lyrik der Nachkriegszeit	3133-1		
Kundera, Milan	Die unerträgliche Leichtigkeit des Seins	Königs Erläuterungen Bd. 423	5808-6		✓
Kurbjuweit, Dirk	Zweier ohne	Königs Erläuterungen Spezial	3097-6	✓	
Kureishi, Hanif	My Son the Fanatic	My Son the Fanatic – Textanalyse zur Vorbereitung auf Abitur und Klausur	1399-3		✓
Kürenberg, Der von	Ich zôch mir einen valken	Beliebte Gedichte interpretiert (mit Texten)	1204-0		

* Titel nur unter www.bange-verlag.de erhältlich.

AUTOR	TITEL	INTERPRETIERT IN ...	ISBN 978-3-8044-	AUCH ALS E-BOOK	NUR ALS E-BOOK
Lange, Hartmut	Das Haus in der Dorotheenstraße	Königs Erläuterungen Spezial	3129-4	✓	
Langgässer, Elisabeth	Die getreue Antigone	Antigone. Ein Mythos und seine Bearbeitungen	3041-9		
Langgässer, Elisabeth	Saisonbeginn	Beliebte Kurzgeschichten interpretiert (mit Texten)	1205-7		
Lasker-Schüler, Else	Ein alter Tibetteppich	Beliebte Gedichte interpretiert (mit Texten)	1204-0		
Lasker-Schüler, Else	Ein alter Tibetteppich	Deutsche Liebeslyrik vom Barock bis zur Gegenwart	3034-1		
Lasker-Schüler, Else	Heimweh	Lyrik des Expressionismus	3033-4		
Lasker-Schüler, Else	Heimweh	Lyrik des Exils	3036-5		
Lasker-Schüler, Else	Mein blaues Klavier	Lyrik des Exils	3036-5		
Lee, Harper	To Kill a Mockingbird	Königs Erläuterungen Bd. 478	2042-7	✓	
Lehmann, Wilhelm	Februarmond	Lyrik der Nachkriegszeit	3133-1		
Lehmann, Wilhelm	Februarmond	Naturlyrik vom Mittelalter bis zur Gegenwart	3031-0		
Lelord, François	Le Voyage d'Hector ou la recherche du bonheur	Königs Erläuterungen Bd. 488	1966-7	✓	
Lenz, J. M. R.	Der Hofmeister	Königs Erläuterungen Bd. 441	1980-3	✓	
Lenz, Siegfried	Das Feuerschiff	Beliebte Erzählungen und Novellen interpretiert (mit Texten auf CD)	1504-1	✓	
Lenz, Siegfried	Deutschstunde	Königs Erläuterungen Bd. 92	1933-9	✓	
Lenz, Siegfried	Ein Freund der Regierung	Beliebte Kurzgeschichten interpretiert (mit Texten)	1205-7		
Lersch, Heinrich	Mensch im Eisen	So interpretiere ich Gedichte!	1206-4		
Lessing, Gotthold Ephraim	Der Wolf und das Schaf	Wie interpretiere ich Fabeln, Parabeln und Kurzgeschichten? Aufgaben und Musterinterpretationen (mit Texten)	1575-1		
Lessing, Gotthold Ephraim	Der Wolf und das Schaf	Wie interpretiere ich Fabeln, Parabeln und Kurzgeschichten? Basiswissen (mit Texten)			✓
Lessing, Gotthold Ephraim	Die Ringparabel aus Nathan der Weise	Wie interpretiere ich Fabeln, Parabeln und Kurzgeschichten? Aufgaben und Musterinterpretationen (mit Texten)	1575-1		
Lessing, Gotthold Ephraim	Emilia Galotti	Königs Erläuterungen Bd. 16	1923-0	✓	

Lessing bis Magona

AUTOR	TITEL	INTERPRETIERT IN ...	ISBN 978-3-8044-	AUCH ALS E-BOOK	NUR ALS E-BOOK
Lessing, Gotthold Ephraim	Faust	Faust. Ein Mythos und seine Bearbeitungen	3042-6		
Lessing, Gotthold Ephraim	Minna von Barnhelm	Königs Erläuterungen Bd. 312	1695-6	✔	
Lessing, Gotthold Ephraim	Nathan der Weise	Königs Erläuterungen Bd. 10	1919-3	✔	
Liliencron, Detlev von	April	Lyrik der Jahrhundertwende	5029-5		
Liliencron, Detlev von	April	Naturlyrik vom Mittelalter bis zur Gegenwart	3031-0		
Liliencron, Detlev von	Der Blitzzug	Wie interpretiere ich Lyrik? Anleitung mit Übungen (mit Texten)	1573-7		
Liliencron, Detlev von	Der Golem	Beliebte Balladen interpretiert (mit Texten)	1213-2	✔	
Loerke, Oskar	Blauer Abend in Berlin	Wie interpretiere ich Lyrik? Basiswissen (mit Texten)			✔
Loerke, Oskar	Pansmusik	Naturlyrik vom Mittelalter bis zur Gegenwart	3031-0		
Logau, Friedrich von	Des Krieges Buchstaben	Beliebte Gedichte interpretiert (mit Texten)	1204-0		
Logau, Friedrich von	Epigramme aus Deutscher Sinn-Getichte Drey Tausend	Lyrik des Barock	3035-8		
Logau, Friedrich von	Heutige Weltkunst	So interpretiere ich Gedichte!	1206-4		
Lowry, Lois	The Giver	Königs Erläuterungen Spezial	3136-2	✔	
Lukas (Evangelist)	Das Gleichnis vom verlorenen Sohn	Wie interpretiere ich Fabeln, Parabeln und Kurzgeschichten? Anleitung mit Übungen (mit Texten)			
Lukas (Evangelist)	Das Gleichnis vom verlorenen Sohn	Wie interpretiere ich Fabeln, Parabeln und Kurzgeschichten? Aufgaben und Musterinterpretationen (mit Texten)	1575-1		
Luther, Martin	Der XLVI. Psalm Deus noster refugium et virtus	Wie interpretiere ich Lyrik? Aufgaben und Musterinterpretationen. Band 1 Mittelalter bis Romantik (mit Texten)			✔
Luther, Martin	Psalm	Beliebte Gedichte interpretiert (mit Texten)	1204-0		
Luther, Martin	Vom Hunde im Wasser	Wie interpretiere ich Fabeln, Parabeln und Kurzgeschichten? Aufgaben und Musterinterpretationen (mit Texten)	1575-1		
Luther, Martin	Vom wolff und lemlin	Wie interpretiere ich Fabeln, Parabeln und Kurzgeschichten? Basiswissen (mit Texten)			✔
Luther, Martin	Wolf und Lämmlein	Wie interpretiere ich Fabeln, Parabeln und Kurzgeschichten? Aufgaben und Musterinterpretationen (mit Texten)	1575-1		
Magona, Sindiwe	Mother to Mother	Königs Erläuterungen Spezial	3132-4	✔	

AUTOR	TITEL	INTERPRETIERT IN ...	ISBN 978-3-8044-	AUCH ALS E-BOOK	NUR ALS E-BOOK
Malecha, Herbert	Die Probe	Beliebte Kurzgeschichten interpretiert (mit Texten)	1205-7		
Mann, Heinrich	Der Untertan	Königs Erläuterungen Bd. 348	1950-6	✔	
Mann, Heinrich	Professor Unrat	Königs Erläuterungen Bd. 454	2015-1	✔	
Mann, Klaus	Mephisto – Roman einer Karriere	Königs Erläuterungen Bd. 437	1823-3	✔	
Mann, Thomas	Bekenntnisse des Hochstaplers Felix Krull	Königs Erläuterungen Bd. 456	5858-1		✔
Mann, Thomas	Buddenbrooks	Königs Erläuterungen Bd. 264	1949-0	✔	
Mann, Thomas	Der Tod in Venedig	Königs Erläuterungen Bd. 47	1987-2	✔	
Mann, Thomas	Der Zauberberg	Königs Erläuterungen Bd. 443	1942-1	✔	
Mann, Thomas	Doktor Faustus	Faust. Ein Mythos und seine Bearbeitungen	3042-6		
Mann, Thomas	Mario und der Zauberer	Königs Erläuterungen Bd. 288	1920-9	✔	
Mann, Thomas	Tonio Kröger	Königs Erläuterungen Bd. 288	1920-9	✔	
Mann, Thomas	Tristan	Königs Erläuterungen Bd. 470	1873-8	✔	
Marlowe, Christopher	Die tragische Historie vom Doktor Faustus	Faust. Ein Mythos und seine Bearbeitungen	3042-6		
Marti, Kurt	Neapel sehen	Beliebte Kurzgeschichten interpretiert (mit Texten)	1205-7		
Meckel, Christoph	Ballade	Beliebte Balladen interpretiert (mit Texten)	1213-2	✔	
Meckel, Christoph	Rede vom Gedicht	Lyrik der Gegenwart	3038-9		
Mereau-Brentano, Sophie	In Tränen geh ich nun allein	Deutsche Liebeslyrik vom Barock bis zur Gegenwart	3034-1		
Mereau-Brentano, Sophie	In Tränen geh ich nun allein	Lyrik der Romantik	3032-7		
Meyer, Conrad Ferdinand	Morgenlied	Erfolgreich üben für die Klausur		✔	
Meyer, Conrad Ferdinand	Das Amulett	Beliebte Erzählungen und Novellen interpretiert (mit Texten auf CD)		✔	
Meyer, Conrad Ferdinand	Der römische Brunnen	Beliebte Gedichte interpretiert (mit Texten)	1204-0		

Meyer bis Mörike

AUTOR	TITEL	INTERPRETIERT IN ...	ISBN 978-3-8044-	AUCH ALS E-BOOK	NUR ALS E-BOOK
Meyer, Conrad Ferdinand	Der römische Brunnen	So interpretiere ich Gedichte!	1206-4		
Meyer, Conrad Ferdinand	Die Rose von Newport	Lyrik des Realismus	3039-6		
Meyer, Conrad Ferdinand	In der Dämmerung	Lyrik des Realismus	3039-6		
Meyer, Conrad Ferdinand	In der Dämmerung	Naturlyrik vom Mittelalter bis zur Gegenwart	3031-0		
Meyer, Conrad Ferdinand	Schwüle	Lyrik des Realismus	3039-6		
Meyer, Conrad Ferdinand	Schwüle	Naturlyrik vom Mittelalter bis zur Gegenwart	3031-0		
Miller, Arthur	The Crucible (Hexenjagd)	Königs Erläuterungen Bd. 492	2007-6	✔	
Miller, Arthur	Tod eines Handlungsreisenden	Königs Erläuterungen Bd. 142	2003-8	✔	
Molière	Der eingebildete Kranke	Königs Erläuterungen Bd. 418	1991-9	✔	
Molière	Der Geizige	Königs Erläuterungen Bd. 291	5602-0		✔
Morgenstern, Christian	Frühling	Lyrik der Jahrhundertwende	5029-5		✔
Morgenstern, Christian	Frühling	Naturlyrik vom Mittelalter bis zur Gegenwart	3031-0		✔
Mörike, Eduard	An die Geliebte	Deutsche Liebeslyrik vom Barock bis zur Gegenwart	3034-1		
Mörike, Eduard	An die Geliebte	Lyrik des Realismus	3039-6		
Mörike, Eduard	Das verlassene Mägdlein	Deutsche Liebeslyrik vom Barock bis zur Gegenwart	3034-1		
Mörike, Eduard	Das verlassene Mägdlein	Lyrik des Realismus	3039-6		
Mörike, Eduard	Denk es, o Seele!	So interpretiere ich Gedichte!	1206-4		
Mörike, Eduard	Die Geister am Mummelsee	Beliebte Balladen interpretiert (mit Texten)	1213-2	✔	
Mörike, Eduard	Er ist's	Beliebte Gedichte interpretiert (mit Texten)	1204-0		
Mörike, Eduard	Er ist's	Naturlyrik vom Mittelalter bis zur Gegenwart	3031-0		
Mörike, Eduard	Fußreise	Lyrik des Realismus	3039-6		
Mörike, Eduard	Mozart auf der Reise nach Prag	Beliebte Erzählungen und Novellen interpretiert (mit Texten auf CD)		✔	
Mörike, Eduard	Um Mitternacht	So interpretiere ich Gedichte!	1206-4		

AUTOR	TITEL	INTERPRETIERT IN ...	ISBN 978-3-8044-	AUCH ALS E-BOOK	NUR ALS E-BOOK
Müller, Heiner	Germania Tod in Berlin	Königs Erläuterungen Bd. 401	5674-7	✓	
Musil, Robert	Die Verwirrungen des Zöglings Törleß	Königs Erläuterungen Bd. 444	5830-7	✓	
Nadolny, Sten	Die Entdeckung der Langsamkeit	Königs Erläuterungen Bd. 427	5814-7	✓	
Nestroy, Johann	Der Talisman	Königs Erläuterungen Bd. 412	5753-9	✓	
Nietzsche, Friedrich	Vereinsamt	Lyrik der Jahrhundertwende	5029-5		
Novalis	Hymnen an die Nacht	Lyrik der Romantik	3032-7		
Novalis	Marienlied	So interpretiere ich Gedichte!	1206-4		
Opitz, Martin	Auff den ersten Januarij	Lyrik des Barock	3035-8		
Opitz, Martin	Das Fieberliedlin	Lyrik des Barock	3035-8		
Opitz, Martin	Francisci Petrarchae	Deutsche Liebeslyrik vom Barock bis zur Gegenwart	3034-1		
Opitz, Martin	Francisci Petrarchae	Lyrik des Barock	3035-8		
Orwell, George	1984	Königs Erläuterungen Bd. 108	1935-3	✓	
Orwell, George	Farm der Tiere	Königs Erläuterungen Bd. 109	1697-0	✓	
Plenzdorf, Ulrich	Die neuen Leiden des jungen W.	Königs Erläuterungen Bd. 304	1977-3	✓	
Pressler, Mirjam	Nathan und seine Kinder	Königs Erläuterungen Spezial	3098-3	✓	
Preußler, Otfried	Krabat	Königs Erläuterungen Spezial	3138-6	✓	
Priestley, John Boynton	Ein Inspektor kommt	Königs Erläuterungen Bd. 336	5658-7		✓
Rathenow, Lutz	Jemand	Lyrik der Gegenwart	3038-9		
Reding, Josef	Auf ziseliertem Silber	Beliebte Kurzgeschichten interpretiert (mit Texten)	1205-7		
Remarque, Erich Maria	Im Westen nichts Neues	Der Erste Weltkrieg: Vergleich mit Köppen, Heeresbericht. Königs Erläuterungen Spezial	1897-4		✓
Remarque, Erich Maria	Im Westen nichts Neues	Königs Erläuterungen Bd. 433	1979-7	✓	
Reuental, Neidhart von	Ûf dem berge und in dem tal	Deutsche Liebeslyrik vom Barock bis zur Gegenwart	3034-1		✓
Reuental, Neidhart von	Ûf dem berge und in dem tal	Naturlyrik vom Mittelalter bis zur Gegenwart	3031-0		
Reza, Yasmina	Kunst (Art)	Königs Erläuterungen Bd. 460	1863-9	✓	
Rhue, Morton	Die Welle	Königs Erläuterungen Bd. 387	1989-6	✓	
Rhue, Morton	Dschihad Online	Königs Erläuterungen Spezial	3131-7	✓	

Rhue bis Sachs

AUTOR	TITEL	INTERPRETIERT IN ...	ISBN 978-3-8044-	AUCH ALS E-BOOK	NUR ALS E-BOOK
Rhue, Morton	Ich knall euch ab!	Königs Erläuterungen Bd. 429	1815-8	✔	
Rilke, Rainer Maria	Abschied	Wie interpretiere ich Lyrik? Aufgaben und Musterinterpretationen. Band 2 Realismus bis Postmoderne (mit Texten)			✔
Rilke, Rainer Maria	An der sonngewohnten Straße	Rilke. Das lyrische Schaffen	3062-4		
Rilke, Rainer Maria	An Hölderlin	Rilke. Das lyrische Schaffen	3062-4		
Rilke, Rainer Maria	Archaischer Torso Apollos	Rilke. Das lyrische Schaffen	3062-4		
Rilke, Rainer Maria	Das Karussell	Rilke. Das lyrische Schaffen	3062-4		
Rilke, Rainer Maria	Der Abenteurer	So interpretiere ich Gedichte!	1206-4		
Rilke, Rainer Maria	Der Panther	Beliebte Gedichte interpretiert (mit Texten)	1204-0		
Rilke, Rainer Maria	Der Panther	Rilke. Das lyrische Schaffen	3062-4		
Rilke, Rainer Maria	Duineser Elegien, Die achte Elegie	Rilke. Das lyrische Schaffen	3062-4		
Rilke, Rainer Maria	Herbst	So interpretiere ich Gedichte!	1206-4		
Rilke, Rainer Maria	Herbsttag	Rilke. Das lyrische Schaffen	3062-4		
Rilke, Rainer Maria	Ich fürchte mich so	Lyrik der Jahrhundertwende	3029-7		
Rilke, Rainer Maria	Kindheit	Lyrik der Jahrhundertwende	3029-7		
Rilke, Rainer Maria	Liebes-Lied	Deutsche Liebeslyrik vom Barock bis zur Gegenwart	3034-1		
Rilke, Rainer Maria	Römische Fontäne	Rilke. Das lyrische Schaffen	3062-4		
Rilke, Rainer Maria	Rose, oh reiner Widerspruch	Rilke. Das lyrische Schaffen	3062-4		
Rilke, Rainer Maria	Volksweise	Rilke. Das lyrische Schaffen	3062-4		
Rilke, Rainer Maria	Was wirst du tun, Gott, wenn ich sterbe?	Rilke. Das lyrische Schaffen	3062-4		
Roth, Joseph	Die Kapuzinergruft	Musterklausuren I (Interpretationen)			
Roth, Joseph	Hiob - Roman eines einfachen Mannes	Königs Erläuterungen Bd. 435	2000-7	✔	
Rückert, Friedrich	Barbarossa	Beliebte Balladen interpretiert (mit Texten)	1213-2	✔	
Sachs, Nelly	Chor der Geretteten	Lyrik der Nachkriegszeit	3133-1		
Sachs, Nelly	Gebete für den toten Bräutigam	Deutsche Liebeslyrik vom Barock bis zur Gegenwart	3034-1		

AUTOR	TITEL	INTERPRETIERT IN ...	ISBN 978-3-8044-	AUCH ALS E-BOOK	NUR ALS E-BOOK
Sahl, Hans	Zwischen Tours und Poitiers	Lyrik des Exils	3036-5		
Sartre, Jean-Paul	Das Spiel ist aus	Königs Erläuterungen Bd. 342	5611-2		✔
Sartre, Jean-Paul	Die ehrbare Dirne	Königs Erläuterungen Bd. 342	5611-2		✔
Sartre, Jean-Paul	Die schmutzigen Hände	Königs Erläuterungen Bd. 302	5651-8		✔
Sartre, Jean-Paul	Huis clos (Geschlossene Gesellschaft)	Königs Erläuterungen Bd. 494	2009-0	✔	
Sartre, Jean-Paul	Im Räderwerk	Königs Erläuterungen Bd. 342	5611-2		✔
Saint-Exupéry, Antoine de	Der kleine Prinz	Königs Erläuterungen Bd. 378	1996-4	✔	
Salinger, Jerome David	Der Fänger im Roggen	Königs Erläuterungen Bd. 328	1970-4	✔	
Schelling, Friedrich Wilhelm Joseph	Lied	Deutsche Liebeslyrik vom Barock bis zur Gegenwart	3034-1		
Schelling, Friedrich Wilhelm Joseph	Lied	Lyrik der Romantik	3032-7		
Schelling, Friedrich Wilhelm Joseph	Lied	Naturlyrik vom Mittelalter bis zur Gegenwart	3031-0		✔
Schiller, Friedrich von	Das Lied von der Glocke	Beliebte Gedichte interpretiert (mit Texten)	1204-0		
Schiller, Friedrich von	Das Lied von der Glocke	Lyrik der Klassik	3037-2		
Schiller, Friedrich von	Der Ring des Polykrates	Lyrik der Klassik	3037-2		
Schiller, Friedrich von	Der Taucher	Beliebte Balladen interpretiert (mit Texten)	1213-2	✔	
Schiller, Friedrich von	Der Verbrecher aus verlorener Ehre	Königs Erläuterungen Bd. 469	1913-1	✔	
Schiller, Friedrich von	Die Bürgschaft	Beliebte Balladen interpretiert (mit Texten)	1213-2	✔	
Schiller, Friedrich von	Die Bürgschaft	Lyrik der Klassik	3037-2		
Schiller, Friedrich von	Die Götter Griechenlands	Lyrik der Klassik	3037-2		
Schiller, Friedrich von	Die Jungfrau von Orleans	Königs Erläuterungen Bd. 2	2024-3	✔	

Schiller bis Schnitzler

AUTOR	TITEL	INTERPRETIERT IN ...	ISBN 978-3-8044-	AUCH ALS E-BOOK	NUR ALS E-BOOK
Schiller, Friedrich von	Die Räuber	Königs Erläuterungen Bd. 28	1931-5	✔	
Schiller, Friedrich von	Die Worte des Glaubens	Lyrik der Klassik	3037-2		
Schiller, Friedrich von	Don Karlos	Königs Erläuterungen Bd. 6	1948-3	✔	
Schiller, Friedrich von	Kabale und Liebe	Königs Erläuterungen Bd. 31	1918-6	✔	
Schiller, Friedrich von	Maria Stuart	Königs Erläuterungen Bd. 5	1972-8	✔	
Schiller, Friedrich von	Nänie	Lyrik der Klassik	3037-2		
Schiller, Friedrich von	Wallenstein	Königs Erläuterungen Bd. 440	5825-3		✔
Schiller, Friedrich von	Wilhelm Tell	Königs Erläuterungen Bd. 1	1917-9	✔	
Schirach, Ferdinand von	Terror	Königs Erläuterungen Bd. 331	2034-2	✔	
Schlegel, August Wilhelm	Die himmlische Mutter	Lyrik der Romantik	3032-7		
Schlegel, Dorothea	Draußen so heller Sonnenschein	Lyrik der Romantik	3032-7		
Schlegel, Friedrich	Weise des Dichters	Lyrik der Romantik	3032-7		
Schlink, Bernhard	Der Vorleser	Königs Erläuterungen Bd. 403	1908-7	✔	
Schlink, Bernhard	Der Vorleser	Ödipus. Ein Mythos und seine Bearbeitungen	3040-2	✔	
Schmich, Theo	Die Kündigung	Wie interpretiere ich Fabeln, Parabeln und Kurzgeschichten? Aufgaben und Musterinterpretationen (mit Texten)	1575-1		
Schmitt, Éric-Emmanuel	Monsieur Ibrahim et les fleurs du Coran	Königs Erläuterungen Bd. 487	1984-1	✔	
Schneider, Robert	Schlafes Bruder	Königs Erläuterungen Bd. 390	1772-4	✔	
Schnitzler, Arthur	Die grüne Krawatte	Wie interpretiere ich Fabeln, Parabeln und Kurzgeschichten? Aufgaben und Musterinterpretationen (mit Texten)	1575-1		
Schnitzler, Arthur	Fräulein Else	Königs Erläuterungen Bd. 428	2035-9	✔	
Schnitzler, Arthur	Lieutenant Gustl	Königs Erläuterungen Bd. 463	1944-5	✔	
Schnitzler, Arthur	Traumnovelle	Königs Erläuterungen Bd. 481	1915-5	✔	

AUTOR	TITEL	INTERPRETIERT IN ...	ISBN 978-3-8044-	AUCH ALS E-BOOK	NUR ALS E-BOOK
Schnurre, Wolfdietrich	Politik	Wie interpretiere ich Fabeln, Parabeln und Kurzgeschichten? Aufgaben und Musterinterpretationen (mit Texten)	1575-1		
Schreiber, Mathias	Landschaft bei Dormagen	Erfolgreich üben für die Klausur		✔	
Schröder, Rudolf Alexander	Zum Totensonntag	Wie interpretiere ich Lyrik? Aufgaben und Musterinterpretationen. Band 1 Mittelalter bis Romantik (mit Texten)			✔
Schulze, Ingo	Simple Storys	Königs Erläuterungen Bd. 462	5865-9		✔
Schwab, Gustav	Das Gewitter	Beliebte Balladen interpretiert (mit Texten)	1213-2	✔	
Schwitters, Kurt	An Anna Blume	Beliebte Gedichte interpretiert (mit Texten)	1204-0		
Schwitters, Kurt	Banalitäten aus dem Chinesischen	So interpretiere ich Gedichte!	1206-4		
Seethaler, Robert	Der Trafikant	Königs Erläuterungen Bd. 329	2033-5	✔	
Seethaler, Robert	Ein ganzes Leben	Königs Erläuterungen Bd. 349	2047-2	✔	
Seghers, Anna	Das siebte Kreuz	Königs Erläuterungen Bd. 408	1982-7	✔	
Shakespeare, William	Der Kaufmann von Venedig	Königs Erläuterungen Bd. 32	1809-7	✔	
Shakespeare, William	Der Sturm	Königs Erläuterungen Bd. 65	5600-6		✔
Shakespeare, William	Hamlet	Königs Erläuterungen Bd. 39	1968-1	✔	
Shakespeare, William	König Lear	Königs Erläuterungen Bd. 65	5600-6		✔
Shakespeare, William	Macbeth	Königs Erläuterungen Bd. 117	1973-5	✔	
Shakespeare, William	Much Ado About Nothing	Königs Erläuterungen Spezial	3121-8		
Shakespeare, William	Othello	Königs Erläuterungen Bd. 75	2014-4	✔	
Shakespeare, William	Romeo und Julia	Königs Erläuterungen Bd. 55	1994-0	✔	
Shaw, George Bernard	Pygmalion	Königs Erläuterungen Bd. 237	5649-5		✔
Silesius, Angelus	Epigramme aus Cherubinischer Wandersmann	Lyrik des Barock	3035-8		
Sophokles	Antigone	Antigone. Ein Mythos und seine Bearbeitungen	3041-9		
Sophokles	Antigone	Königs Erläuterungen Bd. 41	1937-7	✔	
Sophokles	König Ödipus	Königs Erläuterungen Bd. 46	1998-8	✔	
Sophokles	König Ödipus	Ödipus. Ein Mythos und seine Bearbeitungen	3040-2		

Sophokles bis Strauß

AUTOR	TITEL	INTERPRETIERT IN ...	ISBN 978-3-8044-	AUCH ALS E-BOOK	NUR ALS E-BOOK
Sophokles	Ödipus auf Kolonos	Ödipus. Ein Mythos und seine Bearbeitungen	3040-2		
Spark, Muriel	The Prime of Miss Jean Brodie	Königs Erläuterungen Bd. 489	1969-8	✔	
Spee, Friedrich	Anders Liebgesang der gespons JESV. Zum Anfang der Sommerzeit	Lyrik des Barock	3035-8		
Spee, Friedrich	Anders Liebgesang der gespons JESV. Zum Anfang der Sommerzeit	Naturlyrik vom Mittelalter bis zur Gegenwart	3031-0		
Stadler, Ernst	Vorfrühling	Lyrik des Expressionismus	3033-4		
Stadler, Ernst	Vorfrühling	Naturlyrik vom Mittelalter bis zur Gegenwart	3031-0		
Stahl, Enno	Ohrgasmisch + (ver)lustig	Deutsche Liebeslyrik vom Barock bis zur Gegenwart	3034-1		
Stamm, Peter	Agnes	Königs Erläuterungen Bd. 405	1952-0	✔	
Stanišić, Saša	Vor dem Fest	Königs Erläuterungen Bd. 345	2045-8	✔	
Stifter, Adalbert	Brigitta	Beliebte Erzählungen und Novellen interpretiert (mit Texten auf CD)	1504-1	✔	
Storm, Theodor	Abseits	Lyrik des Realismus	3039-6		
Storm, Theodor	Abseits	Naturlyrik vom Mittelalter bis zur Gegenwart	3031-0		
Storm, Theodor	Der Schimmelreiter	Königs Erläuterungen Bd. 192	1946-9	✔	
Storm, Theodor	Die Stadt	Beliebte Gedichte interpretiert (mit Texten)	1204-0		
Storm, Theodor	Geh nicht hinein	Lyrik des Realismus	3039-6		
Storm, Theodor	Hans und Heinz Kirch	Beliebte Erzählungen und Novellen interpretiert (mit Texten auf CD)	1504-1		
Storm, Theodor	Meeresstrand	Lyrik des Realismus	3039-6		
Storm, Theodor	Meeresstrand	Naturlyrik vom Mittelalter bis zur Gegenwart	3031-0		✔
Storm, Theodor	Pole Poppenspäler	Königs Erläuterungen Bd. 194	5780-5		✔
Stramm, August	Sturmangriff	Wie interpretiere ich Lyrik? Basiswissen (mit Texten)			✔
Stramm, August	Untreu	Deutsche Liebeslyrik vom Barock bis zur Gegenwart	3034-1		
Stramm, August	Untreu	Lyrik des Expressionismus	3033-4		
Strauß und Torney, Lulu von	Die Tulipan	Beliebte Balladen interpretiert (mit Texten)	1213-2	✔	
Strauß, Botho	Wann merkt ein Mann ...	Wie interpretiere ich Fabeln, Parabeln und Kurzgeschichten? Aufgaben und Musterinterpretationen (mit Texten)	1575-1		

AUTOR	TITEL	INTERPRETIERT IN ...	ISBN 978-3-8044-	AUCH ALS E-BOOK	NUR ALS E-BOOK
Süskind, Patrick	Das Parfum	Königs Erläuterungen Bd. 386	1922-3	✔	
Süskind, Patrick	Der Kontrabaß	Königs Erläuterungen Bd. 414	5778-2		✔
Suter, Martin	Die dunkle Seite des Mondes	Königs Erläuterungen Bd. 491	2006-9	✔	
Teller, Janne	Nichts	Königs Erläuterungen Spezial	3137-9	✔	
Thenior, Ralf	Der Fall	Beliebte Kurzgeschichten interpretiert (mit Texten)	1205-7		
Thurber, James	Die Kaninchen, die an allem schuld waren	Wie interpretiere ich Fabeln, Parabeln und Kurzgeschichten? Aufgaben und Musterinterpretationen (mit Texten)	1575-1		
Tieck, Ludwig	Melancholie	Lyrik der Romantik	3032-7		
Timm, Uwe	Am Beispiel meines Bruders	Königs Erläuterungen Bd. 475	1879-0	✔	
Timm, Uwe	Die Entdeckung der Currywurst	Königs Erläuterungen Bd. 313	2027-4	✔	
Timm, Uwe	Halbschatten	Königs Erläuterungen Bd. 305	2021-2	✔	
Tolkien, J.R.R.	Der Hobbit	Königs Erläuterungen Bd. 402	5688-4		✔
Toller, Ernst	Mütter	Lyrik des Expressionismus	3033-4		
Trakl, Georg	An die Schwester	Trakl. Das lyrische Schaffen	3061-7		
Trakl, Georg	An einem Fenster	Trakl. Das lyrische Schaffen	3061-7		
Trakl, Georg	Andacht	Trakl. Das lyrische Schaffen	3061-7		
Trakl, Georg	Confiteor	Trakl. Das lyrische Schaffen	3061-7		
Trakl, Georg	De profundis	Trakl. Das lyrische Schaffen	3061-7		
Trakl, Georg	Der Gewitterabend	Trakl. Das lyrische Schaffen	3061-7		
Trakl, Georg	Die Heimat	Erfolgreich üben für die Klausur			
Trakl, Georg	Die schöne Stadt	Trakl. Das lyrische Schaffen	3061-7		
Trakl, Georg	Die schöne Stadt	Wie interpretiere ich Lyrik? Anleitung mit Übungen (mit Texten)	1573-7		
Trakl, Georg	Grodek	Trakl. Das lyrische Schaffen	3061-7		
Trakl, Georg	Im Winter	Trakl. Das lyrische Schaffen	3061-7		
Trakl, Georg	In den Nachmittag geflüstert	Beliebte Gedichte interpretiert (mit Texten)	1204-0		
Trakl, Georg	In ein altes Stammbuch	Lyrik des Expressionismus	3033-4		
Trakl, Georg	Kaspar Hauser Lied	Trakl. Das lyrische Schaffen	3061-7		
Trakl, Georg	Leuchtende Stunde	Lyrik der Jahrhundertwende	3029-7		
Trakl, Georg	Melusine	Beliebte Balladen interpretiert (mit Texten)	1213-2	✔	
Trakl, Georg	Verfall	Lyrik des Expressionismus	3033-4		
Trakl, Georg	Verfall	Naturlyrik vom Mittelalter bis zur Gegenwart	3031-0		✔
Trakl, Georg	Verfall	Trakl. Das lyrische Schaffen	3061-7		
Trakl, Georg	Vorstadt im Föhn	Trakl. Das lyrische Schaffen	3061-7		

Treichel bis Widmer

AUTOR	TITEL	INTERPRETIERT IN ...	ISBN 978-3-8044-	AUCH ALS E-BOOK	NUR ALS E-BOOK
Treichel, Hans-Ulrich	Der Verlorene	Königs Erläuterungen Bd. 446	2046-5	✔	
Tse-Tung, Mao	Pei-tai-ho 1954, Sommer	So interpretiere ich Gedichte!	1206-4		
Tuckermann, Anja	Mano. Der Junge, der nicht wusste, wo er war	Königs Erläuterungen Spezial	3134-8	✔	
Uhland, Ludwig	Des Sängers Fluch	Beliebte Balladen interpretiert (mit Texten)	1213-2	✔	
Uhry, Alfred	Driving Miss Daisy	Königs Erläuterungen Bd. 480	5851-2	✔	
Unbekannter Dichter	Du bist mîn	Beliebte Gedichte interpretiert (mit Texten)	1204-0		
Vigan, Delphine de	No & Ich	Königs Erläuterungen Spezial	3139-3	✔	
Vogelweide, Walther von der	Ich saz ûf eime steine	Wie interpretiere ich Lyrik? Aufgaben und Musterinterpretationen. Band 1 Mittelalter bis Romantik (mit Texten)			✔
Vogelweide, Walther von der	Under der Linden	Deutsche Liebeslyrik vom Barock bis zur Gegenwart	3034-1		✔
Walls, Jeannette	Half Broke Horses	Königs Erläuterungen Bd. 495	2011-3	✔	
Walser, Martin	Ein fliehendes Pferd	Königs Erläuterungen Bd. 376	5884-0		✔
Wassermann, Jakob	Das Gold von Caxamalca	Beliebte Erzählungen und Novellen interpretiert (mit Texten auf CD)	1504-1	✔	
Wedekind, Frank	Frühlings Erwachen	Königs Erläuterungen Bd. 406	1959-9	✔	
Wedekind, Frank	Ilse	Deutsche Liebeslyrik vom Barock bis zur Gegenwart	3034-1		
Wedekind, Frank	Ilse	Lyrik der Jahrhundertwende	5029-5		
Wedekind, Frank	Wendla	Deutsche Liebeslyrik vom Barock bis zur Gegenwart	3034-1		
Wedekind, Frank	Wendla	Lyrik der Jahrhundertwende	5029-5		
Weil, Grete	Meine Schwester Antigone	Antigone. Ein Mythos und seine Bearbeitungen	3041-9		
Weisenborn, Günther	Zwei Männer	Beliebte Kurzgeschichten interpretiert (mit Texten)	1205-7		
Weiss, Peter	Im Kreise gelaufen	Lyrik des Exils	3036-5		
Weiss, Ruth	Meine Schwester Sara	Königs Erläuterungen Spezial	3124-9	✔	
Wells, Benedict	Vom Ende der Einsamkeit	Königs Erläuterungen Bd. 353	2050-2	✔	
Werfel, Franz	Der Mensch ist stumm	Wie interpretiere ich Lyrik? Aufgaben und Musterinterpretationen. Band 2 Realismus bis Postmoderne (mit Texten)			✔
Widmer, Urs	Top Dogs	Königs Erläuterungen Bd. 445	1981-0	✔	

AUTOR	TITEL	INTERPRETIERT IN ...	ISBN 978-3-8044-	AUCH ALS E-BOOK	NUR ALS E-BOOK
Wohmann, Gabriele	Es war ein Wunder	Wie interpretiere ich Fabeln, Parabeln und Kurzgeschichten? Aufgaben und Musterinterpretationen (mit Texten)	1575-1		
Wolf, Christa	Der geteilte Himmel	Königs Erläuterungen Bd. 426	2043-4	✔	
Wolf, Christa	Kassandra	Königs Erläuterungen Bd. 372	1766-3	✔	
Wolf, Christa	Medea	Königs Erläuterungen Bd. 415	1936-0	✔	
Wolf, Christa	Medea	Medea. Ein Mythos und seine Bearbeitungen	3043-3		
Zahl, Peter-Paul	panhumanismus	Lyrik der Gegenwart	3038-9		
Zech, Paul	Der Hauer	So interpretiere ich Gedichte!	1206-4		
Zeh, Juli	Corpus Delicti	Königs Erläuterungen Bd. 317	2028-1	✔	
Zesen, Philipp von	Palm-baum der höchstlöblichen Frucht-bringenden Gesellschaft zuehren aufgerichtet	Lyrik des Barock	3035-8		
Zöller, Elisabeth	Wir tanzen nicht nach Führers Pfeife	Königs Erläuterungen Spezial	3091-4	✔	
Zuckmayer, Carl	Der Hauptmann von Köpenick	Königs Erläuterungen Bd. 150	1956-8	✔	
Zuckmayer, Carl	Des Teufels General	Königs Erläuterungen Bd. 283	1967-4	✔	
Zweig, Stefan	Angst	Beliebte Erzählungen und Novellen interpretiert (mit Texten auf CD)			
Zweig, Stefan	Begehren	Lyrik der Jahrhundertwende	5029-5		
Zweig, Stefan	Schachnovelle	Königs Erläuterungen Bd. 384	1986-5	✔	
Zwerenz, Gerhard	Nicht alles gefallen lassen	Beliebte Kurzgeschichten interpretiert (mit Texten)	1205-7		

LYRIK/ EPOCHEN	TITEL	INTERPRETIERT IN ...	ISBN 978-3-8044-	AUCH ALS E-BOOK	NUR ALS E-BOOK
Barock	Lyrik des Barock	Königs Erläuterungen Spezial	3035-8		
Klassik	Lyrik der Klassik	Königs Erläuterungen Spezial	3037-2		
Romantik	Lyrik der Romantik	Königs Erläuterungen Spezial	3032-7		
Realismus	Lyrik des Realismus	Königs Erläuterungen Spezial	3039-6		
Jahrhundertwende	Lyrik der Jahrhundertwende	Königs Erläuterungen Spezial	5029-5		✔
Expressionismus	Lyrik des Expressionismus	Königs Erläuterungen Spezial	3033-4		
Nachkriegszeit (1945–1960)	Lyrik der Nachkriegszeit (1945–1960)	Königs Erläuterungen Spezial	3133-1		
Gegenwart (1960 bis heute)	Lyrik der Gegenwart (1960 bis heute)	Königs Erläuterungen Spezial	3038-9		

Lyrikbände / Filmanalysen

LYRIK/ THEMEN	TITEL	INTERPRETIERT IN ...	ISBN 978-3-8044-	AUCH ALS E-BOOK	NUR ALS E-BOOK
Liebe	Deutsche Liebeslyrik vom Barock bis zur Gegenwart	Königs Erläuterungen Spezial	3034-1		
Natur	Deutsche Naturlyrik vom MA bis zur Gegenwart	Königs Erläuterungen Spezial	3031-0		
Exil	Lyrik des Exils	Königs Erläuterungen Spezial	3036-5		
Reisen	Reisen – unterwegs sein. Lyrik vom Barock bis zur Gegenwart	Königs Erläuterungen Spezial	3090-7		

LYRIK/ AUTOREN	TITEL	INTERPRETIERT IN ...	ISBN 978-3-8044-	AUCH ALS E-BOOK	NUR ALS E-BOOK
Benn, Gottfried	Gottfried Benn. Das lyrische Schaffen	Königs Erläuterungen Spezial	3055-6		
Brecht, Bertolt	Bertolt Brecht. Das lyrische Schaffen	Königs Erläuterungen Spezial	3060-0		
Eichendorff, Joseph von	Joseph von Eichendorff. Das lyrische Schaffen	Königs Erläuterungen Spezial	3059-4		
Goethe, Johann Wolfgang von	Johann Wolfgang von Goethe. Das lyrische Schaffen	Königs Erläuterungen Spezial	3064-8		
Heine, Heinrich	Heinrich Heine. Das lyrische Schaffen	Königs Erläuterungen Spezial	3054-9		
Kästner, Erich	Erich Kästner. Das lyrische Schaffen	Königs Erläuterungen Spezial	3057-0		
Rilke, Rainer Maria	Rainer Maria Rilke. Das lyrische Schaffen	Königs Erläuterungen Spezial	3062-4		
Schiller, Friedrich	Friedrich Schiller. Das lyrische Schaffen	Königs Erläuterungen Spezial	3063-1		
Trakl, Georg	Georg Trakl. Das lyrische Schaffen	Königs Erläuterungen Spezial	3061-7		

FILM-ANALYSE	TITEL	INTERPRETIERT IN ...	ISBN 978-3-8044-	AUCH ALS E-BOOK	NUR ALS E-BOOK
	American Beauty	Königs Erläuterungen Spezial	3100-3		
	Crash	Königs Erläuterungen Spezial	3123-2		
	Gran Torino	Königs Erläuterungen Spezial	3127-0		
	Four Weddings and a Funeral	Königs Erläuterungen Spezial	3102-7		
	The Truman Show	Königs Erläuterungen Spezial	3101-0		